Isabella Farkasch

Märchen für mehr Gelassenheit

Rechte Umschlag: Kathrin Steigerwald, Hamburg unter Verwendung von Motiven von Adobe Stock/photoiget
Rechte Autorinnenfoto: Claudio Farkasch

Der Verlag und seine Autor:innen sind für Reaktionen, Hinweise oder Meinungen dankbar. Bitte wenden Sie sich diesbezüglich an verlag@goldegg-verlag.com.

Der Goldegg Verlag achtet bei seinen Büchern und Magazinen auf nachhaltiges Produzieren. Goldegg-Bücher sind umweltfreundlich produziert und orientieren sich in Materialien, Herstellungsorten, Arbeitsbedingungen und Produktionsformen an den Bedürfnissen von Gesellschaft und Umwelt.

ISBN: 978-3-99060-403-8

Unter den Linden 21 • D-10117 Berlin
Telefon: +49 800 505 43 76-0

Goldegg Verlag GmbH, Österreich
Mommsengasse 4/2 • A-1040 Wien
Telefon: +43 1 505 43 76-0

E-Mail: office@goldegg-verlag.com
www.goldegg-verlag.com

Layout, Satz und Herstellung: Goldegg Verlag GmbH, Wien
Printed in the EU

ISABELLA FARKASCH

Märchen für mehr Gelassenheit

3 Minuten, um den Tag entspannt loszulassen

GOLDEGG

Isabella Farkasch

ist Bühnenbildnerin, kreative Lebens- und Karrierebegleiterin. Als »Gedanken-Recyclerin« setzt sie vielfältige Methoden ein, um übervolle Gedankenspeicher zu leeren und immer neu zu nützen. Die vielseitige Künstlerin beschäftigt sich mit der besonderen Kraft von intuitiv geschriebenen Märchen, die neue Blickwinkel eröffnen und dabei den Geist entspannen. Von ihr erschienen im Goldegg Verlag die Bücher:

Raunächte – Das Koch-Lesebuch
Alte Küchenweisheiten und wärmende Geschichten für winterliche Zwischenzeiten

Mit der Kraft der Rauhnächte ins neue Jahr
Zurückblicken – Loslassen – Neustarten

Zur Nacht
Traumhaft schöne Märchen für Erwachsene

Die Weisheit der 13
Symbolik und Mystik der Zahlen

Rauhnächte
Märchen für Erwachsene

Der Duft von Weihnachten wie damals
Märchen für Erwachsene

www.creativelife.at

Inhaltsverzeichnis

Vorwort

Denkbar ist alles,
möglich ist mehr, als Sie denken.

Diesen Wahlspruch formulierte ich vor mehr als dreißig Jahren, er prangt auf meiner Website und begleitet meinen Briefverkehr. Der Satz könnte sich auf glückliche ebenso wie auf katastrophale Ereignisse beziehen, es verhält sich damit wie mit dem berühmten halbvollen Glas. Meine Vision dahinter waren die unerschöpflichen Chancen, die genutzt werden wollen, die Möglichkeiten, sich Dinge und Ereignisse auszudenken und sie wirklich werden zu lassen. Lange bevor ich mich mit den wissenschaftlichen Erkenntnissen dazu beschäftigt habe, war mir bewusst, dass unser Denken mitbestimmt, wie sich unser Leben gestaltet. Ganz unbewusst habe ich es verinnerlicht. Schon in meiner Kindheit sprach meine Mutter von dem Gewinn, den wir aus Erfahrungen ziehen. Ich wuchs auf im Gefühl, dass das Leben freudvoll sei, wurde darin unterstützt, meine Talente zu leben, und erwartete immer das Beste von anderen Menschen, was mir durchaus auch einige Enttäuschungen bescherte. Doch auch in diesen Fällen war der Gewinn der Erfahrung mein Fokus, nicht der Jammer über die enttäuschte Erwartung. Gefahren und Leid waren ebenso ein Teil meiner Realität wie Freude und Glück. Meine Eltern hatten den Krieg als junge Erwachsene erlebt und viele Freunde betrauern müssen, die Grausamkeiten der Naziherrschaft wurden mir bereits als Kind bewusst gemacht, doch auch die freudvollen Momente inmitten des Schreckens bekam ich erzählt. Dass es Beunruhigendes, auch Tragisches auf der Welt gibt, hatte ich also nicht ausgeblendet, doch lernte ich bald, dass mein eigenes inneres Erleben und Empfinden mehr davon abhängt, wohin ich meine Aufmerksamkeit lenke. Somit hatte ich vorwiegend die Erwartung des Gelingens. Weniger glückliche, auch traurige Erlebnisse sind für mich zwar ein Teil des Lebens, aber nicht dominierendes Thema. Mein Talent zur Gelassenheit war für diese Sichtweise sicherlich hilfreich.

Damit wäre ich beim eigentlichen Thema angekommen. Das Besondere an Märchen ist, dass sie uns vermitteln, dass es für jedes Problem eine Lösung gibt. Die Überzeugung, diese zu finden und möglich zu machen, treibt die Märchenheldinnen und -helden an. Sie hinterfragen nicht, ob sie etwas können, sie machen es einfach. Diese innere Sicherheit, aus eigener Kraft die Problemlösung herbeizuführen, halte ich für eine der Grundvoraussetzungen, damit entspanntes, als glücklich empfundenes Leben gelingt. Meine Märchen kommen oft mit wenig bis gar keinem Zaubermaterial aus, also können Sie das Argument, dass Ihnen im Gegensatz zu den Märchenhelden magische

Fähigkeiten fehlen, gleich wieder verwerfen. Und wer weiß, vielleicht entdecken Sie beim Lesen ja auch Ihre ganz persönlichen Zauberkräfte? Die Wunder des Alltags geschehen zu lassen ist ebenfalls eine Kunst, die so wie andere erst geübt werden will. Sie zu entdecken ebenso.

In meine Geschichten *für mehr Gelassenheit* fließt vieles ein, was uns im Alltag bewegt, was wir täglich in den Nachrichten hören oder sehen. Sie sind teils viel »heutiger« als meine bisher erschienenen Märchen, wohl auch deshalb, weil sie sich nicht mit altem Wissen oder tradierten Gebräuchen – wie etwa meine Bücher zur Zahlenkabbala oder zu den Rauhnächten – befassen. Mit den Märchen dieses Buches hoffe ich, in Ihnen das Vertrauen zu wecken, dass es Auswege gibt. Selbst dann, wenn der Moment das Gefühl von Ausweglosigkeit aufkommen lässt. Nicht immer gelingt das in nur drei Minuten, viele meiner Geschichten brauchen mehr Zeit und Raum, aber alle entstanden mit der Absicht, Ihnen in kurzer Zeit ein Gefühl der Entspannung zu geben. Manche kommen auch ganz ohne Konflikterzählung aus, sie zeichnen Bilder, wie Zusammenleben friedlich ablaufen kann und damit Gelassenheit gar nicht erst nötig wird. Märchen erreichen unser inneres Kind, das staunend seine Umwelt entdeckt und voll Vertrauen in die Welt geht. Ich hoffe, es gelingt mir, Ihren Glauben an märchenhaft erscheinende Möglichkeiten zu wecken, denn sobald dieser in Ihnen gedeiht, bringt Sie so schnell nichts mehr aus der Ruhe.

Ich könnte Ihnen an dieser Stelle viel über die Geschichten hinter den Geschichten erzählen, auf die jeweiligen Märchen verweisen und dazu weitere Anmerkungen verfassen. Doch in diesem Buch sollen die beim Lesen entstehenden Bilder und Gefühle ganz für sich wirken, Ihre eigenen Erinnerungen, Assoziationen und Ideen wecken. Wenn Sie innerlich unruhig sind, Ihnen der Geduldsfaden reißt oder eine beunruhigende Nachricht Sie aus dem Gleichgewicht zu bringen droht, erinnern Sie sich an diese Bilder, die sich hoffentlich beim Lesen meiner Märchen vor Ihrem inneren Auge auftun. Sie mögen Ihnen vermitteln, dass es immer eine Lösung gibt, dass manches Ungemach sich als Glücksfall erweist, dass eine Entdeckung vielleicht nur möglich war, weil zuvor etwas Unangenehmes passiert ist. Wir erkennen immer erst im Rückblick, wofür ein Ereignis gut war, welche Möglichkeiten dadurch erst ins Blickfeld geraten sind, welche Tore sich geöffnet haben. Wozu sich also aufregen, wenn wir darauf bauen, dass es ein paar Tage danach ganz anders aussieht? Im Vorfeld daran zu denken ist schwierig – wer kann sich vorstellen, dass etwas Gutes daraus entsteht, wenn Häuser weggeschwemmt werden, Wälder verbrennen und Menschen begraben werden müssen? Doch das einzelne (Über-)Leben wird weder glücklicher noch fröhlicher, wenn wir uns ärgern, verzweifeln oder in Nervosität verfallen. Ganz im Gegenteil, in einer derartigen Stimmung misslingt der nächste Schritt viel eher als in einer entspannten, überlegten Verfassung. Auch Hilfe für andere ist nur wirkkräftig, wenn sie aus Stärke erwächst. Mögen meine Märchen es Ihnen erleichtern, in diese Stimmung zu kommen oder, noch besser, in dieser zu bleiben, damit es Ihnen stetig besser gelingt, gelassen zu bleiben.

Hinweis: Ich bin eine begeisterte Anhängerin der gendergerechten Schreibweise. Da mir jedoch die von mir bevorzugte Form mit dem Doppelpunkt (z. B. Wander:innen) für Märchen unpassend erscheint, verwende ich die Geschlechter teils abwechselnd, teils benenne ich beide – z. B. Bürger und Bürgerinnen.

Vom Sand, dem Wasser und einem Kind

Mancher findet sein Herz nicht eher,
als bis er seinen Kopf verliert.

FRIEDRICH NITZSCHE

Es war einmal – oder besser, es wehte – ein Sandsturm. Feine Körner legten sich auf Wiesen, Felder, Häuser. Über Tage hinweg verdunkelte die sandgeschwängerte Luft das Tageslicht und bedeckte Gesichter. Die Menschen wagten sich nicht mehr aus ihren Häusern, doch selbst in diese war die sandige Luft eingedrungen, durch alle Ritzen waren die feinen Körner hineingekrochen. Wer dennoch hinausmusste, verhüllte Nase und Mund, so gut es ging, um nicht am Sand zu ersticken.

In dieser Not rückten die Menschen zusammen, bildeten Kreise und spannten Tücher über sich. So blieben sie, auch wenn sich der Sand um sie herum aufhäufte, im innersten Kreis noch ein wenig geschützt. Doch beständig verringerte sich die Atemluft, so manchem schwanden die Sinne. Den oder die legten sie dann in die Mitte des Kreises, beständig bedeckt mit den schützenden Laken.

Nach sieben Tagen war es zu Ende. Von einem Moment zum anderen herrschte Windstille, die Sonne bahnte sich einen Weg auf die Erde, unter sandigen Dünen lagen die Häuser. Die Durstenden eilten zum Brunnen, das kostbare Nass war zum Glück tief genug in der Erde geborgen. Rund herum entstand großes Gedränge. Viele kämpften sich vor, rempelten Schwächere nieder, einige Menschen brachen zusammen und blieben erschöpft liegen. Nur wenige schafften es zum Brunnen, um den Eimer hinaufzuziehen. Erneut gab es Gerangel, jeder wollte als Erstes spüren, wie das frische Nass die Kehle hinunterrann. Doch weil alle zerrten und zogen, flog der Eimer mal zur einen, dann wieder zur anderen Seite, wobei der größere Anteil des Wassers wieder in den Brunnen zurückschwappte. Schon drohte das Seil zu reißen, da endlich schoss den Gierigen der Schock und damit Erkenntnis ein. So würden sie alle verdursten, das war unübersehbar.

Erstarrt standen sie da. Keiner wollte nachgeben, ebenso wenig war jemand imstande, das Kommando zu übernehmen – die anderen würden es ja wohl nicht zulassen, so dachte jeder für sich. In diesen Moment des Stillstands hinein trippelte ein Kind. In seiner Hand hielt es einen kleinen Krug. Hilfesuchend blickte es die Menschen rund um den Brunnen an: »Meine Mutter liegt im Haus, sie kann nicht aufsteh'n. Bitte, füllt mir meinen Krug, ich will ihr Wasser bringen, damit sie wieder zu Kräften komme.«

Da schämten sich die Streithähne. Die Sorge eines Kindes hielt ihnen vor Augen, dass wir nur, wenn wir einander helfen, gleichzeitig uns selbst helfen. Endlich erinnerten sie sich, dass sie eine Gemeinschaft waren, dass geteiltes Leid weniger schmerzt und erst gemeinsam erlebte Freude das Herz so richtig wärmt. Also gossen sie den Rest des Wassers, der im Eimer verblieben war, in den kleinen Krug. Das Kind dankte ihnen und trippelte wieder zurück zu seiner Mutter. Die Großen waren zur Vernunft gekommen, tauchten den Eimer wieder und wieder ins Wasser und verteilten das, was sie heraufzogen, gleichmäßig in alle Gefäße, die ihnen gereicht wurden. Die, die noch aufrecht stehen konnten, benetzten die Lippen der Liegenden, die ganz langsam wieder zu Kräften kamen. Viele Eimer wurden heraufgezogen und noch viele mehr wurden gefüllt und in die Häuser getragen, um die zu Schwachen, die dortgeblieben waren, ebenfalls zu laben. So wie das Kind es ihnen gezeigt hatte.

Noch lange danach erzählten die Menschen des Dorfes einander von dieser Zeit, um nie zu vergessen, dass niemandem geholfen ist, wenn er nur die eigene Not zu lindern giert.

Von der Heilkraft des Lachens

Ohne die Fähigkeit, heiter zu sein,
ist keine Freiheit denkbar.

CHRISTIAN MORGENSTERN

Es war einmal ein kleines grünes Männchen mit gelbem Hut und roter Feder darauf. Es lebte in den Feldern, die rund um ein Dorf angelegt waren, das ganz unbemerkt am Rande der Welt lag. Die Menschen, die in diesem Ort lebten, waren friedliche Bauern und Handwerkerinnen, alles, was sie zum Leben benötigten, gedieh auf ihren Äckern oder wurde von ihnen hergestellt. Ein Wald schirmte den Ort von anderen menschlichen Ansiedlungen ab. Er lieferte Brennholz und Beeren und gelegentlich auch einen Braten für ein Festmahl. Der Gelegenheiten gab es viele – die Leute feierten Hochzeiten oder eine Geburt, und wenn jemand gestorben war, dann kamen sie zusammen, um gemeinsam zu speisen und des fehlenden Gemeindemitglieds zu gedenken.

Am Rande des Dorfes lebte ein alter Mann, niemand wusste, wie lange schon. Er hatte alle Kinder des Dorfes aufwachsen sehen und wusste von alten Zeiten zu erzählen. Er besaß ein Buch, ein sehr dickes. Er liebte es, darin zu lesen, und bemühte sich redlich, die Kinder des Dorfes das Lesen zu lehren. Doch die meisten liefen lieber in der freien Natur herum und spielten in den Wiesen, sie zogen es sogar vor, den Eltern auf den Feldern zu helfen. Nur selten gelang es dem Lehrer, eines der Kinder für die Kunst des Lesens zu begeistern. Meist waren es Mädchen, die dann auch schreiben lernen wollten, um die Gedanken, die in ihren Köpfen herumkreisten, ein wenig ordnen zu können.

Das grüne Männchen beobachtete diese Lernstunden gerne. Es hatte den alten Mann schon als Kind gekannt, als dieser selbst erst das Lesen gelernt hatte. Denn das grüne Männchen war noch viel, viel älter als alle anderen Dorfbewohner und Dorfbewohnerinnen zusammen. Seine Aufgabe war es, gutes Einvernehmen mit den Pflanzen zu pflegen. Sie keimten aus den Samen, die alljährlich auf den Feldern ausgebracht wurden, sobald die ersten Sonnenstrahlen sich anschickten, den Boden zu wärmen, und die Wolken ihre erfrischenden Tränen auf diesen herabfallen ließen. Beides belebte die Samen, die Wärme des Bodens ebenso wie der Regen. Dann gab es kein Halten mehr, das zarte erste Grün drang mit aller Kraft durch die schützende Erdschicht. Es wollte zur Sonne, von der der Same schon so viel erzählt hatte. Kaum aber blinzelten die jungen Pflanzen hervor und lachten der Sonne entgegen, war es für das Männchen an der Zeit, jede einzelne kennenzulernen und darauf zu achten, dass es allen gut ging. Denn mit den ersten Sonnenstrahlen war es noch lange nicht getan, zu dieser Jahreszeit fiel nicht nur Regen, sondern manchmal auch sein kalter Bruder, der Schnee. Dafür musste es sie wappnen, sie wissen lassen, dass der kurzen Zeit der Kälte wieder Sonne folgen würde, worauf sie ihr Wachstum getrost weiterführen konnten. Es erzählte ihnen, dass kostbare Samen an ihren Spitzen entstehen würden, wenn sie einmal groß gewachsen wären. Die würden dann weiterverarbeitet werden, um die Menschen des Dorfes zu sättigen. Ebenso erfuhren sie, dass einige von ihnen im kommenden Jahr wieder in die Erde durften. Sie wären es dann, die dort von der Sonne und dem Keimenwollen erzählen würden. So war das Männchen ständig geschäftig, nur im Winter, wenn die Natur ruhte, konnte es ein wenig rasten.

An solchen kurzen Tagen und in den langen Nächten erinnerte es sich der alten Zeiten, auch daran, als der alte Lehrmeister des Dorfes noch ein Bub gewesen war. Wie alle anderen hatte er es geliebt, zu spielen oder ein bisschen da und dort auf den Feldern und im Haus zu helfen. Außerdem war er bekannt dafür gewesen, Schabernack zu treiben. Meist hatten die Geneckten dann mit ihm gelacht. Wie hilfreich Lachen sein kann, hatte er dabei auch gelernt, und das war eines Tages auch seine Rettung gewesen.

Damals lebte am Waldrand noch eine alte Frau, sie sammelte Holz und brachte es den Dörflerinnen. Dafür erhielt sie Essen und, wenn nötig, auch Kleidung. Gern setzte sie sich zu den Bäuerinnen auf ein Schwätzchen. Sie kannte allerlei Geschichten von Zwergen und Elfen, auch von einem mächtigen Zauberer und einer gekränkten Fee wusste sie zu erzählen. Schnell fanden sich dann die Kinder ein und hingen an ihren Lippen – so auch der Bub, der jederzeit bereit war, sich einen neuen Scherz auszudenken.

Als die Alte wieder einmal vom Magier und der gekränkten Fee erzählte und immer noch nicht verriet, was diese so gekränkt hatte, überlegte er, wie er es anstellen konnte, dass Magier und Fee wirklich bei ihnen im Dorf auftauchten. Vielleicht würden sie dann erfahren, was die Fee so getroffen hatte. Aus den Erzählungen der Alten wusste er ja schon so manches, was Feen gern mögen. Scherze gehörten jedenfalls dazu. Mit der Fee sich zu einigen sollte ihm daher nicht schwerfallen. Was den Magier anging, da grübelte er noch. Der konnte alles herbeizaubern, was er so benötigte, und ob der Scherze mochte, bezweifelte der Bub. Vielleicht brauchte er eine komplizierte Aufgabe, um sich aus seinem Reich hinauszubewegen? Oder ging es vielmehr darum, in sein Reich einzudringen? Nur indem er es ausprobierte, würde er es herausfinden, entschied er für sich.

Am nächsten Morgen, als alle noch schliefen, machte er sich deshalb auf, die Welt jenseits des Dorfes und des Waldes zu erkunden. Soweit ihm bekannt war, hatte keiner der Menschen im Dorf diese jemals betreten, aber aus den Geschichten der Alten, die zumindest am Rande des begrenzenden Waldes wohnte, wusste er, dass es noch mehr gab als nur ihr Dorf. Durch dieses floss ein Bach, aus ihm schöpfte jeder, der durstig war, erfrischendes Wasser. Der Bub beobachtete das Plätschern, freute sich über jeden Stein, der vom klaren Wasser umschmeichelt wurde und es lenkte. Manche glänzten wie Edelsteine – waren diese vielleicht gar vom Zauberer dort versenkt worden? Vielleicht sollte er dem Wasserlauf folgen, vielleicht würde der ihn zum Reich des Zauberers bringen?

Er hatte ein Bündel gepackt, mit etwas Brot und getrockneten Früchten. Außerdem trug er ein Netz mit sich, mit dem er Fische aus dem Bach fangen konnte. Er war ein tüchtiger Fischer, also brauchte er auch keine Angst zu haben, wegen eines knurrenden Magens seine Wanderung nicht zu Ende führen zu können.

Hurtig ging es dahin, der Bach schlängelte sich durch die Felder, danach den Wald entlang. Ein Weg verlief entlang des Gewässers. Den Wald hatte der Bub hinter sich gelassen, nun folgte er dem Weg, vorbei an unbekannten Feldern, auch deren Früchte waren ihm fremd. Sie waren groß, leuchtend rot und zu verlockend, da kostete er von einer. Ein Brausen hob an, dass ihm, der bisher ganz furchtlos gewesen war, ganz angst und bang wurde. Ein Windstoß fuhr ihm zwischen die Beine und hob ihn hoch durch die Lüfte. Kaum hatte er Gelegenheit, diese Luftfahrt zu genießen – die Vögel hatte er schon immer beneidet –, da fühlte er sich unsanft abgesetzt auf einem steinigen Pfad.

Felsen ragten rechts und links von ihm auf. Hier floss kein Wasser und kein Pflänzchen zwängte sich durch die Ritzen. Zauberer leben wohl eher auf Bergen denn im Tal, dachte er, also nahm er die Richtung aufwärts, er hatte kaum etwas zu verlieren, wenn auch sein Leben. Die Steineinöde war aber kein verlockender Ort, nicht mal, um es zu retten, vorwärts weiterzugehen war wohl das Beste.

Beständig enger und steiler wurde der Weg, doch der Bub war jung und hatte seinen Übermut noch nicht ganz verloren. So erreichte er schließlich eine Hochebene, auf der sich ein ganz außergewöhnliches Gebilde aus Türmen erhob. Jeder davon war aus einem anderen Material, es gab solche aus Stein, Holz und verschiedenen Metallen. Auch ein gläserner war dabei und als Krönung je ein kupferner, ein silberner und ein goldener. Diese hielten in ihrer Mitte einen Kristall, der in alle Richtungen funkelte. Er stand vor dem Schloss des Zauberers, da war sich der Bub ganz sicher. Das schwellte seine Brust, er hatte es also schon beinahe geschafft!

Er hielt auf einen der Türme zu, den mächtigsten von allen, denn dort vermutete er das Tor, bei dem er Einlass begehren wollte. Doch seine Füße wurden ihm schwer und immer schwerer, bis er keinen vor den anderen mehr zu setzen vermochte, so stark sein Wille auch war. Ein Sturm tobte um die Türme, die darin wankten wie Bäume im Wald. Das faszinierte den Jungen und er vergaß für eine Weile sein Angewurzeltsein. Eine Stimme, die alles um ihn erbeben ließ und ihn auf und nieder bewegte, ganz ohne sein Zutun, erdröhnte und er wurde sich seiner misslichen Lage erneut bewusst.

»Wer bist du, du Menschenwurm, und wie kannst du es wagen, meinem Reich nahe zu kommen?«

Wie erwähnt, der Knabe war kein furchtsamer und seine Neckereien hatten in ihm die Sicherheit genährt, dass jeder Schrecken verging, wenn ein Lachen ihn störte. Deshalb zwang er sich jetzt dazu, so laut er nur konnte, zu lachen und antwortete: »Bist du der mächtige Zauberer, von dem die Alte uns Dörflern beständig erzählt? Sag, warum ist die Fee bloß so gekränkt und was könnte sie aufheitern?«

Unheimliche Stille folgte seiner Frage. Im nächsten Augenblick fand er sich in einer Spiegelhalle, in der er sich selbst hundertfach sah, so klar wie nie zuvor. Denn zu Hause hatte er sich nur in Wasserpfützen als er selbst erkennen können. Seine Spiegelbrüder gefielen ihm und er machte allerlei Verrenkungen, Sprünge und Fratzen und lachte, wenn er sie komisch genug fand. Nach einer Weile gesellte sich zu seinem Abbild ein anderes, viel kleineres, mit gelbem Hut und roter Feder.

»Du suchst den Zauberer? Nun denn, hier bin ich«, klang es hundertfach aus allen Spiegeln.

Dem Jungen blieb der Mund offen stehen – dieser Wicht sollte ein mächtiger Zauberer sein? »Willst du mich zum Narren halten? Aber bitte, wenn du wirklich der Zauberer bist, wo ist dann die Fee und warum ist sie gekränkt?« Er wollte es sich mit dem Männchen nicht verscherzen, falls dieses doch der Zauberer war, man konnte ja nie wissen bei den magischen Wesen.

Der kleine Mann aber hatte wohl verstanden, dass der Junge an ihm zweifelte. Zornig stampfte er auf, sodass alles bebte und klirrte. »Ungläubiger, nur weil ich klein bin, bin ich nicht minder mächtig! Komm, ich will dir zeigen, was die Fee so sehr gekränkt hat.« Eine winzige Krallenfingerhand packte den Knaben am Arm und riss ihn durch die Spiegelwelt hindurch. Auf ihrer Kehrseite war alles dunkel und matt, ein trostloser Raum, schmucklos und modrig riechend. »Sieh, hierher habe ich einst die Fee verbannt, die sich für besser hielt als mich, den großen Zauberer«, einen kurzen Lacher konnte sich der Junge bei dieser Beschreibung nicht verkneifen, »und auch dir wird das Lachen schon noch vergehen!«

Der Junge erkannte nun endlich den Ernst der Lage, er war dem seltsamen Wesen und seinen Launen ausgeliefert, also war es wohl besser, es nicht noch mehr zu reizen. »Weshalb meinte die Fee denn, sie sei besser als du?« Er gab nicht auf nachzufragen.

Darüber zu sprechen war dem Winzling, der sich als großer Zauberer ausgab, sichtlich unangenehm und es war deutlich, dass er die Angelegenheit herunterspielte. »Ach, sie hatte gar keinen Grund, sie wurde nur nicht müde, mich und meine Künste kleinzureden. Bloß, weil ich mich um Erhabeneres kümmere als Waldbewohner, Kleingetier und ihre Wald- und Wiesenstreicheleinheiten.«

Der Zauberer verlor sich in Lobhudeleien seiner

Künste und betonte, wie lächerlich die Fee doch sei. Es war nun durchaus nachvollziehbar, dass diese sich gekränkt fühlte. Dem Jungen wurde das Zuhören langweilig, auch verstand er nur wenig davon, also blickte er in dem dämmrigen Raum umher. Irgendwie musste die Fee ja ausgekommen sein, denn hier drin war sie nicht mehr. Als sein Blick so umherschweifte, zupfte ihn etwas an der Hose. Er blickte hinab und sah das kleine Männchen, während die Stimme des Zauberers von ganz woanders dozierend erklang.

Eine zarte, ein wenig krächzende Stimme flüsterte: »Wenn er so ins Predigen kommt, dann vergisst er meinen Körper. Den braucht er nämlich, er selbst hat keinen mehr. Ich selbst bin ein ganz anderer. Und weil du ihn mit deinem unerschütterlichen Schalk abgelenkt hast, können wir entkommen!«

Während des letzten Satzes erklang fast etwas wie Juchzen, die Aussicht auf eine mögliche Flucht für sie beide weckte auch den Jungen aus seiner Trance. »Ja weißt du denn, wie wir hier rauskommen? Kennst du das Schlupfloch, das die Fee genommen hat, um zu entwischen?« Für die anderen tausend Fragen, die ihm auf der Zunge brannten, war jetzt keine Zeit, die mussten warten.

Ohne Worte zu verlieren, zog ihn der Kleine am Hosenbein mit sich zur Wand. Dort lockerte er einen der Steine, die das Gewölbe trugen, und weil sie beide klein waren, konnten sie hindurchschlüpfen. Draußen angekommen warf der Junge einen Stein auf den gedrungenen Turm, aus dem sie eben entwichen waren.

Mit großem Krachen und Getöse fiel dieser in sich zusammen, nach und nach stürzten auch alle weiteren Türme ein, begleitet von einem lang anhaltenden Jammerton, der nach und nach leiser wurde, bis er vollends erstarb. Mit dem Ende des Zauberers war auch der Kleine wieder in seiner ganzen Kraft und lief behände Richtung Wald, um der Fee die frohe Botschaft zu überbringen.

Verdutzt blieb der schalkhafte Junge zurück, das Lachen wäre ihm fast vergangen. Die vielen Fragen, die er nun erst recht hatte, blieben unbeantwortet. Nun merkte er, wie erschöpft, hungrig und durstig er war, und wünschte sich sehnlichst nach Hause. Kaum gedacht, erschienen zwei geflügelte Gestalten, nahmen ihn rechts und links und brachten ihn eilends nach Hause in sein Dorf. Die hatte wohl die Fee gesandt, als Dank für das Besiegen des Zauberers. Kaum zu Hause, war der Junge auch schon fast eingeschlafen, doch vorher nahm er sich fest vor, möglichst bald die Fee zu besuchen.

Das grüne Männchen lächelte zufrieden, damals hatten sie etwas wirklich Gutes zusammen angestellt. Seine Winterträumereien handelten noch von manch anderem Abenteuer, doch dazu mehr in der nächsten Geschichte.

Der Dank der Fee

Glücklich ist,
wer von sich sagen kann:
Ich habe eine Träne getrocknet.

JOHANN WOLFGANG VON GOETHE

Erinnerst du dich an das grüne Männchen mit dem gelben Hut und der roten Feder? An sein Erlebnis mit dem schalkhaften Jungen, der mit seiner Hilfe und weil diesem das Lachen nicht verging, den großen Zauberer vernichten konnte?

Die Antworten auf die Fragen, warum der Zauberer den Körper des grünen Männchens benötigt hatte, wie es nun der Fee erging und was tatsächlich zwischen ihr und dem Zauberer vorgefallen war, interessierten den Jungen weiter brennend. Deshalb nutzte er die nächstbeste Gelegenheit, um sich zur Fee aufzumachen. Diesmal sollte es in den Wald gehen, denn dorthin war das Männchen verschwunden.

Seinen Ranzen hatte er wieder mit dem Nötigsten gepackt, zudem vertraute er darauf, dass ihm die Fee wohlgesonnen war, da würde er schon gut versorgt werden. Los ging es, direkt durch die Felder, am Haus der Alten vorbei. Ohne ihr Erzählen hätte er gar nichts von der Fee und ihrer Kränkung gewusst, daran dachte er und winkte dem Haus zu. Am Waldrand suchte er eine Stelle, die nicht ganz so dicht war. Doch eng stand Baum an Baum, da war selbst für ein Kind wie ihm kein Durchkommen. Plötzlich tauchte das Männchen auf und winkte ihm. Der Junge machte sich so schmal wie möglich, zwängte sich seitlich zwischen den Bäumen hindurch und ging auf das Männchen zu. Kaum war er bei ihm angelangt, weitete sich der Durchlass und die beiden setzten ihren Weg bequem fort. Anstatt den Kleinen zu begrüßen, wollte er ihn gleich mit Fragen überschütten, aber das Männchen murmelte nur etwas von *später* und drängte zur Eile.

Immer tiefer drangen sie ein in den Wald, das Männchen voran, er hinterher. Nach einer Zeit standen die Bäume weiter auseinander, gerade genug, dass sich die Spitzen ihrer Äste berührten, als tanzten sie im Reigen. Noch ein paar Schritte weiter, dann lag eine Blumenwiese vor ihnen. Ein Weg aus glitzernden Steinen führte hindurch, so konnte jede Blume ungestört weiterwachsen, ohne dass sie ein einziger Schritt hinuntergedrückt hätte. Diesen Weg liefen sie entlang bis zu einem schlossartigen Gebilde. Es schien wie aus Spinnenweben gewoben, so zart und durchlässig waren seine Wände. Vor dem Gespinst schwebten tanzende Elflein, die rasch ein Spalier bildeten und ihnen zuwinkten, als sie näher kamen. Wie ein Vorhang öffnete sich ein Einlass, durch den sie in einen luftig hellen Saal gelangten. Kurz erinnerte sich der Junge an den Spiegelsaal des Zauberers, der eine so andere Wirkung gehabt hatte als dieser. Flötenklang drang von allen Seiten an sein Ohr, sanfte Melodien woben ihn ein, dass er sich bald so wohlig fühlte, als wäre er in Daunen gebettet. Ehe er in dieses Gefühl sinken konnte, erschien ein Zug absonderlicher Wesen, die vergnügt in der Luft schwebten und musizierten. Manche hatten viele Beine, andere sahen aus wie Musikinstrumente mit Armen und Beinen, er kam aus dem Staunen nicht heraus, doch sie waren nur die Vorhut. Er konnte sie gar nicht lang genug betrachten, um sich alle einzuprägen, denn nun erschien die Fee, festlich gekleidet und ganz und gar nicht gekränkt. Strahlend kam sie direkt auf den Jungen zu und streckte ihm die Arme entgegen. Als sie sich nun wirklich und leibhaftig gegenüberstanden, musste er sich zuerst einmal sammeln. So gruselig der Zauberer gewesen war, so betörend war die Fee. »Gut, dass ich noch ein Kind bin«, dachte er bei sich. »Sonst wäre ich jetzt unsterblich in sie verliebt. Und dann würde es mir sehr schwerfallen, wieder nach Hause zu wollen.« So aber staunte er nur und vernahm wie im Gedankennebel ihre Stimme.

»Ich danke dir, dass dir dein Lachen nicht verging und du unser Land vom Zauberer befreit hast«, sagte die Fee. »Einst hat er mich auf einem meiner Ausflüge aus dem Wald hinaus gefangen genommen und in sein Verließ geworfen. Doch Feen gefangen zu nehmen hat einen hohen Preis, es kostete ihn seinen Körper. Deshalb konnte er mich nicht lange festhalten, ich floh, noch ehe er das Verließ versperrt hatte. So blieb er körperlos zurück. Aber mein Minister«, sie deutete auf das grüne Männchen, »den du ja bereits kennst, war auf der Suche nach mir. Als er sich in das Schloss wagte, fuhr der Zauberer blitzartig in ihn ein und besetzte den kleinen Körper. Wie grotesk das war, übersah er in seinem Hochmut. Mein Minister blieb ihm willenlos ausgeliefert. Nur wenn der Kaltherzige sich in der Bewunderung seiner selbst verlor, konnte der Grüne kurzzeitig wieder zu sich kommen und ein paar Vorkehrungen treffen, für den Fall einer Gelegenheit, dem Geist des Zauberers endlich vollends zu entkommen. Deshalb wusste er von dem losen Stein, durch den ihr beide in die Freiheit entschlüpft seid. Denn während der Zauberer sich in Lobpreisungen seiner selbst verlor, gewann der Grüne wieder vollkommen die Kontrolle über seinen Körper. Das aber konnte nur gelingen, weil du in furchtlosem Vertrauen die Lächerlichkeit des Zauberers erkannt hast. Gegen das Lachen war er machtlos, dieses Übermaß an Ehrlichkeit entblößt jede Irrgestalt.«

Der Junge kam aus dem Staunen nicht heraus, so eine Geschichte hätte er sich nie ausdenken können. Und sie hatte sie erzählt, ganz ohne dass er danach gefragt hatte! Gerade wollte er die für ihn wichtigste Frage stellen, da fuhr sie schon fort.

»Du willst wissen, warum man sagt, ich sei gekränkt? Das wird mir zugeschrieben, weil die Menschen meinen, das passe zu weiblichen Wesen und weil eine wütende Fee für sie ganz unvorstellbar ist. In Wahrheit aber war ich voll Wut, sehr viel Wut. Durch die kurze Gefangennahme war ich gedemütigt, meinen Minister hatte ich an den Größenwahnsinnigen verloren und keine Hilfe war in Sicht. Keine Weissagung verriet, wie ich den Zauberer besiegen und meinen Minister befreien könne. Auch meine Wut nutzte nichts und niemandem. So entstand der Mythos der gekränkten Fee, ich konnte trauern, ohne sinnlos an der Wut zu zerbrechen. Du kannst nun wohl gut verstehen, dass dein Mut und dein Wille, in allem den Witz zu erkennen, eine Zentnerlast von mir genommen haben. Endlich bin ich wieder die schwerelose Fee, wie es zu meinesgleichen passt. Nur ein wenig Melancholie ist geblieben, als Erinnerung an die Zeit meiner Hilflosigkeit.«

Nun kannte der Junge die ganze Geschichte und er hatte ein ganz ordentliches Stück Leben dazugelernt. Und er war nachdenklich geworden. Seine Lust, zu lachen und andere zum Lachen zu bringen, behielt er, doch achtete er von nun an sehr genau darauf, niemanden mit seinen Scherzen zu verletzen. Auch auf die Zwischentöne wollte er lauschen, denn so manch gegensätzliches Gefühl konnte sich hinter dem gezeigten verstecken. Und ganz besonders erkannte er den Wert des so geschützten Lebens in der Gemeinschaft seines Dorfes.

Zum Dank für ihre Rettung bestimmte die Fee ihren Minister zum Wächter der Felder des Dorfes. Der brachte eines Tages auch das dicke Buch mit, damit die Kinder daraus das Lesen und auch ein bisschen über die Welt lernen konnten. Aber wer weiß, wie es in der Welt aussieht, der denkt vielleicht, dass es ganz gut ist, dass nur ganz wenige für das Lesen zu begeistern waren.

Der Wunsch

Unsere Wünsche sind
die Vorboten der Fähigkeiten,
die in uns liegen.

Johann Wolfgang von Goethe

Es war einmal eine Sternschnuppe. Während sie verglühte, saß auf der Erde ein kleines Mädchen in der Wiese und schaute ihr sinnend nach. Ob es wohl wirklich wahr war, was ihr die Großmutter über Sternschnuppen verraten hatte? Es liebte sie so sehr, aber ob es ihr alles glauben konnte, da war es sich nicht so sicher. Denn die Mutter ihrer Mutter war voller Schnaken und Schnurren, oft lachte sie schelmisch, wenn sie sehr überzeugend Geschichten erzählte, wie etwa, dass die Mutter einst ein Zwerglein im Wald getroffen hatte und dann mit einem Goldtaler nach Hause gekehrt war. Die Mutter meinte dann, die Kleine solle der Alten nicht alles glauben, die stecke voller Schabernack. Aber vielleicht konnte sich die Mutter nur nicht mehr erinnern? Wer wusste schon, wer von den beiden sich recht entsinnen konnte.

Das mit den Sternschnuppen jedenfalls hatte

die Großmutter sehr ernsthaft, auch auf mehrfaches Nachfragen, versichert. Wenn Engel die Sterne putzten, fielen dabei *Schnuppen* auf die Erde, Sternschnuppen. Auf diesen Sternen säßen die Engel und warteten auf die Wünsche der Kinder (und auch auf die der Erwachsenen, nur kamen solche viel seltener an). Deshalb dürfe man die Wünsche auch nicht erzählen, sonst gingen sie nicht in Erfüllung, sie mussten ein Geheimnis bleiben zwischen Engel und Kind. Die Großmutter beteuerte mit Nachdruck, dass sie viel Glück im Leben diesen leuchtenden Putzfunken verdanke.

Nun wollte das Mädchen herausfinden, ob das mit den Sternschnuppen auch wirklich stimmte. Dafür musste allerdings ein Wunsch her. Das war schon schwierig genug, denn es war eines der Kinder, denen nichts fehlte, es war umsorgt und geliebt. Niemand wollte ihm Böses, ja nicht mal Schabernack trieben andere Kinder mit ihm. Es spielte gern mit den Kindern in der Nachbarschaft, mit der Mutter und der Großmutter gemeinsam wohnte es in einem schönen Haus am Rande der Stadt. Im Garten wuchsen Beeren und Obstbäume, hier gab es auch immer etwas zu entdecken.

Erst als es lange genug nachgedacht hatte, fiel dem Mädchen etwas ein. Manchmal nämlich war die Mutter traurig und es wusste nicht warum oder wie sie aufzuheitern wäre. Auch war sie oft sehr müde, wenn sie abends heimkam. Es sei die Arbeit, die ihr viel Kraft koste, meinte sie dann nur. Was aber war

Arbeit? Das Mädchen hatte keine Vorstellung davon, denn alles war für es nur Spiel, machte Freude. Arbeit aber schien anstrengend zu sein und etwas, zu dem die Mutter musste, ohne es wirklich zu wollen, ohne es gern zu tun. Vielleicht war das ja der Grund, dass sie oft traurig war, weil sie viel zu selten einfach nur genießen konnte, was der Tag für sie bereithielt? Denn so richtig fröhlich war die Mutter nur an den Sonntagen, wenn sie zu Hause blieb oder wenn sie gemeinsam einen Ausflug machten. Dann lachten sie viel, freuten sich an dem, was sie dabei Neues kennenlernten, trafen oft auch andere, die die Mutter Freunde nannte, oder lernten neue Menschen kennen. Mit denen redete die Mutter dann oft lange und viel. Das Mädchen spielte in der Zwischenzeit mit den Kindern der anderen Erwachsenen, das machte Spaß und alle waren zufrieden. Das Mädchen konnte sich aber auch sehr gut allein unterhalten, das war es ja gewohnt. Gern dachte es sich Geschichten aus, die es seinem Teddy, der Puppe oder vielleicht einem Schmetterling erzählte. An duftenden Blumen zu riechen liebte es, mit ihnen zu plaudern war etwas Besonderes.

Das war die Idee! Es würde die Blumen fragen, ob das mit den Sternschnuppen wirklich funktionierte. Die Margerite lachte dem Kind entgegen und meinte, ja, sie habe das schon mal gehört, aber nie ausprobiert – wozu auch, was hätte sie sich wünschen sollen? Aber die Rose nickte ihm zu und meinte, dass es einen Versuch jedenfalls wert sei. Sie habe sich gewünscht, nicht gepflückt zu werden, und sie sei ja immer noch am Strauch, also müsse es wohl wahr sein. Dass der Wunsch eigentlich nicht erzählt werden durfte, kümmerte die verwelkende Rose wenig, das Glück des Mädchens hingegen sehr.

Also saß die Kleine nun auf der Wiese und wünschte sich angestrengt, dass die Mutter nicht mehr zur Arbeit müsse und immer fröhlich sei. Der Himmel dehnte sich über ihr aus, es war eine Nacht ohne Mond, umso besser konnte sie die Sterne erkennen. Ach ja, schnell musste das Wünschen auch gelingen, denn wenn die Schnuppe nicht mehr glühte, war es auch schon zu spät. Genau in dem Moment, in dem ihr Lichtstreifen über den Himmel zischte, musste der Wunsch gedacht werden. Oh, beinahe hätte sie die Schnuppe vor lauter Nachdenken verpasst! Schnell noch gelang es ihr, den Wunsch für die fröhliche Mutter anzudenken, dann war das bewegte Licht auch schon erloschen. Das Mädchen war sehr stolz, dass es so lange ausgeharrt, die Sternschnuppe rechtzeitig gesehen und dann auch noch den Wunsch gedacht hatte. Nun konnte es beruhigt ins Haus gehen, sich in sein Bettchen legen und darauf warten, ob die Mutter in der nächsten Zeit nicht mehr traurig sein würde.

Der kommende Morgen war ein Sonntag, der galt also noch nicht. Jedenfalls verbrachten sie einen schönen Tag, die Großmutter hatte ein paar Freundinnen eingeladen für ein Kartenspiel, Mutter und Tochter nutzten die Zeit für einen Spaziergang entlang des Baches. Mit einem wunderschönen Wiesenblumenstrauß kehrten beide heim, das freute auch die Großmutter.

Nur zu gern hätte das Mädchen dieser von seinem Wunsch erzählt, sie hätte darauf aufpassen können, ob er wahr würde. Aber das ging ja nicht, sonst konnte er ja nicht in Erfüllung gehen. Es musste schon ganz allein darauf achten.

Am nächsten Morgen stand es schon früh auf, um die Mutter noch zu sehen, bevor diese in die Arbeit lief. Durch die Badezimmertür hörte es die Liebe ein Liedchen trällern, das war schon mal ein gutes Zeichen. Als sie herauskam, lächelte sie ihre Tochter an und fragte: »Was tust du denn so früh schon heraußen, du kannst doch noch mindestens eine Stunde schlafen!«

»Ich bin halt früh aufgewacht, da wollt ich dir noch schnell einen guten Morgen wünschen.« Das war zumindest nicht gelogen, wenn es auch nicht die ganze Wahrheit war.

Die Mutter lächelte. »Dann beginnt meine Woche ja prima, mit so einem Morgengruß! Das wird eine gute Woche werden.«

»Musst du dann nicht mehr arbeiten?«, fragte die Tochter hoffnungsvoll.

»Na ja, ganz ohne Arbeiten wird es wohl nicht gehen, irgendwer muss ja dafür sorgen, dass wir genug zu essen haben. Aber die Arbeit kann mir leichtfallen, dann macht sie auch Freude. Mal sehen, was mich erwartet.«

Die Antwort der Mutter klang verheißungsvoll, Arbeit kann also doch auch Freude machen, erfuhr das Mädchen. Der Tag verging wie im Flug, das Mädchen spielte und plauderte mit all den Blumen im Garten. »Die Sternschnuppengeschichte ist wirklich wahr«, ließ sie alle wissen. Die Rose nickte wieder zustimmend und die Margerite zeigte sich von ihrer sonnigsten Seite. Die Glockenblumen läuteten ihr stummes Lied, so erfuhren auch die Blumen in anderen Gärten, dass an der Sternschnuppengeschichte etwas Wahres dran sein musste.

Abends, als die Mutter heimkehrte, hatte sie viel zu berichten. »Stellt euch vor, ich wurde heute vom Abteilungsleiter zum Gespräch gebeten. Er ist mit meiner Arbeit sehr zufrieden und möchte, dass ich andere Aufgaben übernehme. Die sind für mich viel interessanter, ich denke, ab jetzt werde ich endlich auch Spaß an der Arbeit haben. Und mehr Geld werde ich dafür auch bekommen!«

Da freute sich auch die Großmutter und lächelte ihrer Enkelin verschmitzt zu. Dass die Woche zuvor mal wieder viele Sternschnuppen vom Himmel gefallen waren, war ja kein Geheimnis.

Für das Mädchen war es die Hauptsache, dass die Mutter fröhlich war, auch wenn der Wunsch nur teilweise erfüllt worden war. Denn wenn ihr die Arbeit Freude machte, war das ja auch in Ordnung.

Viele Jahre später erzählte sie ihrer eigenen Tochter, was es mit den Sternschnuppen auf sich hatte. »Du musst nur ganz fest daran glauben, dann geht dein Wunsch sicher in Erfüllung. Er muss nur wirklich ein Herzenswunsch sein.«

Der Schuh des Poeten

Es ist besser, ein einziges kleines Licht anzuzünden, als die Dunkelheit zu verfluchen.

Konfuzius

Die Kerze brannte lichterloh. Sie brannte, so hell sie konnte, um das Zimmer zu erleuchten. Ein Dichter mühte sich in ihrem Lichte, die Worte, die in seinem Kopf herumspukten und nicht aufs Papier wollten, zu ordnen. Wo waren sie geblieben, die Zeiten, als sie nur so aus seiner Feder geflossen waren? Die jungen Frauen der besseren Gesellschaft hatten sehnsüchtig auf ein neues seiner Liebesgedichte gewartet, er war beklatscht und umschwärmt worden und hatte beinahe fürstlich gelebt, weil sein Erfolg es ihm erlaubt hatte.

Nun aber saß er in dieser dunklen Kammer unter dem Dach eines Hauses, die ein mitleidiger Kaufmann ihm überlassen hatte, weil er den Ruhm des einst Gefeierten nicht vergessen hatte. Es war erbärmlich, was aus ihm geworden war. Er blickte auf Berge von Papier, auf denen sich Worte fanden, die er einst zu poetischen Reigen zusammengefügt hatte. Nun aber blieben sie sinnentleert. Wenn er bemüht ein paar zu einer Zeile zusammengefügt hatte, klang es hölzern, oft abgeschmackt. Warum bloß hatte ihn die Sprache verlassen? Er konnte sich nicht entsinnen, ihren Gesetzen nicht gefolgt zu sein, war sich keiner Schuld bewusst, die eine solch harte Strafe verdient hätte.

Er blickte auf die Kerze, die wirklich ihr Bestes tat, aber dem mangelnden Licht war sein Unvermögen ja nicht geschuldet, es waren die Gedanken, die ihm nicht mehr gehorchten. Zu vieles ging ihm durch den Kopf, Bilder tauchten auf und verschwanden wieder, noch ehe er ihnen weitere hätte hinzufügen können, um sie zu Geschichten zu verbinden. Wie kleine Fetzchen der glänzenden Gewänder, mit denen sein einstiges Publikum sich herausgeputzt hatte, wenn er seine Gedichte im festlichen Rahmen vorgetragen hatte. Seine bedauernswerten Versuche klangen, wie der Rock Aschenputtels ausgesehen haben mochte. Die Erbsen waren verstreut und keine Tauben da, sie wieder zusammenzutragen.

Sein Blick fiel auf einen Schuh, der auf der Truhe verstaubte, in der er die wenigen ihm gebliebenen Habseligkeiten verstaut hatte. Vor vielen Jahren war er ihm in der Hand geblieben, als das feenhafte Wesen, dem er gehört hatte, sich seinem Arm entwunden hatte und auf Nimmerwiedersehen verschwunden war. Doch anders als dem Märchenprinzen war es ihm nie gelungen, den dazu passenden Fuß wiederzufinden. Das war wohl der Anfang vom Ende gewesen, danach war er in Schwermut verfallen.

Nicht nur das Fräulein, auch die Poesie hatte ihn verlassen. Wohl waren danach noch einige Gedichtbände aus seiner Feder unters Volk gekommen, doch der Erfolg war ausgeblieben, bald war er für seine stümperhaften Zeilen verlacht worden. In einer Welt, in der das geschmeidige Wort, die Eleganz der Phrasen so hohen Wert hatten, wurde er zum Stotterer und geriet schließlich in Vergessenheit. Und das war noch sein Glück, immerhin blieb er der Schmach der öffentlichen Zurschaustellung nicht lange ausgeliefert.

Fast träumerisch erfasste er den Schuh, da durchfuhr es ihn messerscharf und ein ganzes Buch an Bildern zog an seinem inneren Auge vorbei. Es war die Erzählung eines möglich gewesenen Lebens mit dem zarten Fräulein als Angetrauter. Zuerst sah er ein Blumenmeer und Liebesglück, doch bald wich dies der Elternschaft, laute Kinder liefen durchs Haus, die einst angebetete, so zarte Frau hatte mit jeder Geburt ordentlich an Masse zugelegt. Er wiederum schrieb und schrieb wie eine Maschine, um den Haushalt am Leben zu erhalten. Häufig kamen ihre Eltern zu Besuch, die diese Ehe mit einem Poeten von Anfang an nicht gutgeheißen hatten und sich deshalb immerzu bemüßigt fühlten, nach dem Rechten zu sehen. Nichts war ihnen genehm, an allem mäkelten sie herum, das verdarb nicht nur ihm, sondern auch der Mutter seiner Kinder die Freude am familiären Miteinander. Schließlich hatte sich zwischen ihnen beiden ein grausamer Zwist eingenistet, keine lieben Worte fanden sie mehr füreinander. Aus seinen Gedichten wichen Freude und Leichtigkeit. Trübselige Gedanken und schwer lastende Worte aber wollte niemand lesen und so dauerte es nicht lange, da konnte er seine Familie nicht mehr ernähren. Die Schwiegereltern hatten also recht behalten, sie nahmen die Kinder und seine Frau zurück in ihr Haus, er selbst wurde mit Schimpf und Schande davongejagt.

Aus diesem Albtraum erwacht erkannte der Poet, dass es wohl sein Glück gewesen war, dass er die Frau zum Schuh nicht wiedergefunden hatte. Allmählich wurde ihm wieder leicht ums Herz, er schrieb die ganze Geschichte auf die losen Blätter, fügte eines nach dem anderen sorgfältig aneinander und hatte so nach wenigen Wochen einen Roman beisammen, den er seinem Hausherrn übergab, um einen Verleger zu begeistern. Dann nahm er den Schuh und warf ihn weit weg, damit er ihm nie wieder vor die Augen komme. Zurück in seiner Kammer, schien ihm diese viel heller als je zuvor, die Kerze brauchte keinen Eifer mehr zu zeigen. Er fühlte sich leicht und fast wieder ein bisschen jung. Er nahm die Feder zur Hand und schrieb ein paar Zeilen aufs letzte Blatt Papier, das ihm noch geblieben war. Als dieses Gedicht nun schwarz auf weiß vor ihm lag, begannen die Zeilen vor seinen Augen zu flimmern, die Feder fiel ihm aus der Hand und die Kammer wurde von Licht durchflutet.

Am nächsten Tag, als sein Hausherr ihm die Erfolgsbotschaft überbringen wollte, fand er den greisen Dichter in seinem Stuhl, die Feder war ihm aus der Hand geglitten und sein letztes Gedicht erzählte von seinem letzten Atemzug. Sein Roman aber beschäftigte unzählige Lesende immer wieder aufs Neue. Jeder entdeckte ein anderes Stück seines eigenen Lebens darin, das ihm Mahnung war, nicht ins selbe Unglück zu stürzen wie der, dessen Leben auf den Seiten erzählt worden war.

Feenschwestern

Eine Wunde ist ein Ort,
über den das Licht in Dich eindringt.

DSCHALĀL AD-DĪN MUHAMMAD RŪMĪ

Die Fee der Leichtigkeit schwebte vor Glück. Nach langer Suche hatte sie endlich ihre Schwester wiedergefunden, die Fee des Unglücks. Ja, auch dafür gibt es eine Fee, auch wenn du es nicht glaubst. Es ist ja ganz gleich, ob wir an etwas glauben oder nicht, wenn es da ist, dann wirkt es auch. Nur hatten die Menschen die Fee des Unglücks schon vergessen, denn sie hatte sich in einer tiefen Höhle versteckt. Weil sie immer nur ausgescholten und verjagt worden war, wo auch immer sie Zuflucht gesucht hatte. Deshalb hatte sie auch niemand vermisst, nur die eine Schwester, die hatte nicht aufgeben wollen. Ihre anderen Verwandten hatten wenig Interesse daran gehabt, die Fee des Unglücks zu suchen. Weder die Fee des Glücks war bereit gewesen noch die der Freude, selbst die der Demut nicht – obwohl die auch nicht sehr beliebt war, außer bei Priestern und Nonnen. Weil die Fee des Unglücks jegliche Freude verdarb, waren sie überhaupt nicht daran interessiert, sie wiederzufinden. Wenn sie zum Beispiel zu einem Fest eingeladen waren und die schäbige und immer traurige Schwester kam mit ihnen, wollten die Gastgeber sie gleich wieder loswerden. Aber die Familie musste zusammenhalten, das hatten sie ihrer Mutter, dem Schicksal, versprochen. »Alle oder keine« war das Gebot. Deshalb war auch die Unglücksfee immer dabei. Und schon war der Ausflug verpatzt, die Stimmung getrübt.

Die ungeliebte Fee hatte es satt, ihren Schwestern jedes Mal die Laune zu verderben und sich selbst schuldig zu fühlen, deshalb verschwand sie eines Tages. Die Leichtigkeit war damals nicht daheim gewesen. Sie hatte immer viel zu tun, wenn ihre Unglücksschwester unter Menschen gekommen war. Ihre Aufgabe war es, dafür zu sorgen, dass das Unglück die Betroffenen nicht vollends niederwarf. Sie schenkte ihnen einen Korb voll Lächeln, Zuversicht, anderer Sichtweisen und Ideen, auch ein paar Tücher zum Tränenwegwischen vergaß sie nie. Diese Feengaben nehmen die Last von den Herzen, die vom Unglück Niedergeworfenen können wieder klarer denken und erkennen, welche Möglichkeiten ihnen jetzt offenstehen. Denn so ein Schicksalsschlag, der wirft die Menschen aus der gewohnten Bahn, sie denken darüber nach, was dazu geführt hat und wie es ihnen wieder gut oder zumindest besser gehen könnte. Die Menschen mögen Veränderungen nicht und so kann der Besuch der ungeliebten Fee hilfreich sein, sie anzustoßen. Umso wichtiger war es der Leichtigkeit, ihre Schwester so schnell wie möglich zu finden. Die Menschen brauchen sie, auch wenn sie es oft nicht wahrhaben wollen.

Auf der Suche erforschte die Leichtigkeit die entlegensten Winkel der Erde, begegnete entfernten Verwandten wie etwa den Zwergen des Reichtums, den Trollen des Stumpfsinns oder den Gnomen des Grolls. Denen war es gleichgültig, ob sie jemandem ihrer Sippe die Laune verdarben, sie hatten eine Aufgabe und die erfüllten sie. Da musste die Fee oft länger bleiben, denn Leichtigkeit war von Nöten. Konnte sie sich nicht durchsetzen, trat der Magier des Krieges großen Schrittes auf die Weltenbühne. Verglichen mit dessen Hinterlassenschaft war das Wirken ihrer verschollenen Schwester ein Labsal. Aber weil sie unauffindbar war, übernahm der Magier des Krieges auch ihre Aufgaben, und wer ihm entkam, begab sich oft in die Arme der Trauer. Sie war ein merkwürdiges Wesen, zu düster und mächtig, um eine der vielen Feenschwestern zu sein, zu mitfühlend, um als Hexe angeprangert zu werden. Die Fee der Leichtigkeit verbrachte ab und an ein Stündchen mit ihr, die Taschentücher hatte sie ja auch immer zur Hand. Mit dieser Begleitung fanden die Verzweifelten ein wenig Ruhe – und verabschiedeten sich von der Trauer, durchaus dankbar für die Zeit, die sie in ihrer Obhut verbracht hatten, aber entschlossen, nun wieder das Leben zu feiern. Mit den Trostsuchenden verbrachte die Fee der Leichtigkeit gern einige Stunden länger, dabei konnte auch sie wieder zu Kräften kommen. Jedenfalls war ihre Suche immer wieder von Aufenthalten durchbrochen, weshalb sie länger dauerte, als es vielleicht nötig gewesen wäre.

Als die Fee der Leichtigkeit schließlich sieben Berge und sieben Täler hinter sich gelassen hatte, erreichte sie ein Gebirge, so groß und hoch wie alle Berge zusammen, die sie zuvor bewältigt hatte. Diese undurchdringlich scheinende Barriere passte zu ihrer Schwester. Es war wohl ein Unglück, so weit gewandert zu sein, um schließlich doch nicht weiterzukommen. Sie ließ ihren suchenden Blick schweifen, über alle Kanten und Brüche, die diese zerklüftete Felswand durchzogen. Die Fee der Leichtigkeit vertraute auf die familiären Bande, sie wusste, sie würde es spüren, wenn sie an der richtigen Stelle angelangt wäre. Schicht für Schicht strich ihr Blick das Felsmassiv entlang. Ein Stich in der Brust kündigte ihr die Schwester an, diesen Schmerz konnte nur sie ihr zugefügt haben, die ungewohnte Schwere traf selbst die Leichtigkeit mitten ins Herz. Sie hatte den Ort entdeckt, den ihre Schwester als Exil gewählt hatte. Das ließ sie wieder leicht werden und schwebend hielt sie direkt auf den Punkt des Schmerzes im Steinmassiv zu. Dort angekommen, erkannte sie den Eingang zu einer Höhle, aus der leises Wimmern an ihr Ohr drang. Das musste ihre Schwester sein, denn wenn sie ganz sich selbst überlassen war, versank sie im eigenen Unglück. Schon deshalb war es so nötig, dass sie in der Gemeinschaft der Schwestern blieb, auch wenn es diesen nicht immer angenehm war. Denn nur so konnte das Gleichgewicht der Stimmungen gehalten werden, die Mutter wusste das in ihrer Weisheit.

»Also hinein in die Finsternis, ich muss sie da herauslocken«, war der Leichtigkeit einziger Gedanke, daran hielt sie sich fest wie an einem Seil, an dem entlang sie sich, mit ihrer Schwester im Schlepptau, wieder an die Oberfläche zurückziehen wollte. Immer tiefer drang sie ins Felsmassiv ein, es wurde kalt und feucht. Welch schauriger Ort, er war ihrer Schwester wirklich nicht würdig. Sie hatte doch nur ihre Pflicht erfüllt, niemand verdient es, dafür so ausgesetzt zu sein am Rande des Daseins. Dieser Gedanke begleitete sie durch die Dunkelheit.

»Herauslocken, ich muss sie herauslocken«, sagte sie sich immer wieder, denn an diesem Ort kam sogar ihr die Leichtigkeit abhanden.

Das Wimmern war lauter geworden und drang nun direkt an ihr Ohr. Sie streckte die Arme aus und fand zwei andere – es waren die der Schwester, die mit letzter Kraft nach dem berühmten Strohhalm fasste. Das Herz jubilierte, sie war wohl bereit, ihr zu folgen, zurück ans Licht und ins Leben. Mit all der Leichtigkeit, die damit zurückgekehrt war, gelangten beide rasch nach oben und atmeten die Luft ein, die nach der modrigen so herrlich erfrischte. Sie fielen sich in die Arme, für diesen Moment des Glücks vergaß die Schwester des Unglücks sogar ihre Rolle.

Ganz im Gegensatz zur langen Suche kehrten sie im Augenblick zurück und waren wieder mit ihrer Feenfamilie vereint. Das Ungleichgewicht, dessen

Folge die Übermacht des Krieges war, hatte allen zu schaffen gemacht, deshalb wurden die beiden Heimkehrerinnen freudig empfangen. Wer es bis dahin nicht gewusst hatte, dem war jetzt klar, dass auch das Unglück wichtig war. Es blieb meist nicht lange und die anderen Schwestern sorgten dafür, dass es überwunden werden konnte und ein Neuanfang wartete.

Das kleine Teufelchen und seine Mission

Nur mit dem Unmöglichen als Ziel kommt man zum Möglichen.

MIGUEL DE UNAMUNO

Es war einmal ein kleines Teufelchen, das wäre gern der Hölle entwischt, denn anders als seine Brüder und Schwestern liebte es die Hitze gar nicht. Außerdem dauerten es die Seelen, die für ewige Zeiten verbannt waren. Dieses Grauen ohne Aussicht auf ein Ende fand es gar zu grausam und sinnlos. Deshalb dachte es immer und immer wieder darüber nach, ob es nicht mit dem, der sich das ausgedacht hatte, in Verhandlungen treten könnte. Es hatte nämlich erlauscht, dass der, den sie Gott nannten, so gütig und barmherzig sei. Mit Verachtung, ja Ekel hatten seine teuflischen Familienmitglieder das erwähnt. Dem Teufelchen aber, das so aus der Art geraten war, schien just diese Eigenschaft des, wie es hörte, *Allmächtigen* sehr verlockend. Denn einer, der barmherzig war, konnte dieses ewige Leiden doch nicht dulden.

Noch war das Teufelchen zu klein, um auf die Erde zu reisen, das durften nur seine Brüder und Schwestern. Die hatten schon viele Tricks gelernt, um den Menschen die weltlichen Verlockungen so schmackhaft zu machen, dass sie dafür ihre Seele dem *Leibhaftigen* als Einsatz versprachen. Seine Geschwister wussten sich einzuschmeicheln und sich elegant zu benehmen, um an Festlichkeiten als gern gesehene Gäste teilzunehmen. Sie traten getarnt als Künstler, Prophetinnen, Gauklerinnen auf, ja selbst als Priester waren sie willkommen. Besonders wohl fühlte sich die Teufelei unter Politikern. In diesen Rollen gab es die Gier nach Macht und Geld zuhauf und sie konnten den Menschen aus dem Volk das Blaue vom Himmel versprechen, ganz ohne bestraft zu werden, wenn sie nichts davon einhielten.

Das Teufelchen aber hatte seine Lehrzeit erst begonnen. Es musste Feuer schüren, den Quälgeistern ihre Werkzeuge bringen und der Großmutter in der Küche helfen. Eigentlich wäre es ihm auch gestattet gewesen, gelegentlich ein Seelchen zu piksen, aber da es ja ein mitleidendes Höllenwesen war, ließ es das lieber bleiben oder tat nur manchmal so als ob. Es sollte kein anderer Teufel etwas von seiner Absonderlichkeit erfahren. Aber sein Ziel behielt es immer vor Augen. Auf seinem Weg zur Großmutter in die Küche musste es durch etliche Höllenstollen. Diese Gelegenheiten nutzte es, Ausschau zu halten nach einem möglichen Schlupfloch, um doch einmal aus der Hölle entwischen zu können.

Da begab es sich, dass ein höllisches Fest ausgerufen wurde. Die Seelen etlicher Würdenträger waren angekündigt und so eine Seelenelite war selbst in der Hölle nicht alltäglich. Deshalb waren Teufel und Teufelinnen sehr beschäftigt, den Ort der Verdammnis herauszuputzen, um die erlesenen Seelen gebührend feurig zu empfangen. Niemand achtete auf das kleine Teufelchen, das der allgemein vorherrschenden Geschäftigkeit und Vorfreude nichts abgewinnen konnte. Die Vorbereitungen boten ihm aber willkommene Gelegenheit, seinen Wunsch in die Tat umzusetzen.

Der Hölleneingang war fürstlich geschmückt, gut erkennbar und in Erwartung der neuen Seelen unbewacht – sollte es wirklich so einfach sein? Der Lehrling kniff sich in den Arm, um sicher zu sein, dass er hellwach war, dann aber zögerte er nicht mehr, machte sich noch kleiner, als er ohnedies schon war, und lief den Neuankömmlingen entgegen. Hätte ihn eines der Geschwister dabei entdeckt, so hätten sie seinen Eifer der allgemeinen Begeisterung über die verlockende Seelenauswahl zugeschrieben. Kein Höllenwächter hielt den kleinen Teufel auf und schon bald ging der Weg aufwärts und er spürte einen kühlen Luftzug. Gleich darauf traf ihn eine erneute Hitzewelle und ein heißer Lavastrahl spuckte ihn auf die Erdoberfläche. Auf dem glühenden Strom rutschte er den Vulkan hinunter, bis er fast im löschenden Wasser gelandet wäre. Nur knapp entrann er den vernichtenden Wogen des Ozeans, vor dem die Großmutter ihn eindringlich gewarnt hatte.

Ei der Daus, so also sah der Ort der Versuchung aus! Die vielen Farben raubten ihm fast die Sinne, bisher hatte er nur Schwarz und Rot gekannt, nun umgab ihn ein Bunt, das er gar nicht zu benennen wusste. Endlich fertig mit Staunen entsann er sich seiner Mission und überlegte, wie er wohl am ehesten zum Himmel hinaufkäme, um sein Anliegen vorzubringen. Hinter ihm erstarrte die Lava, vor ihm lag die Weite des Meeres, unter ihm die Welt, die er soeben verlassen hatte und in die er keinesfalls zurückkehren wollte. Er brauchte einen Plan. Er war gelandet, wo seine Verwandtschaft gewohnt war, ihre Fallen auszulegen. Aber aus Klagen ärgerlicher Höllenlehrlinge hatte er erfahren, dass manche Menschen wenig anfällig für teuflische Angebote waren. Von den Höllengeschwistern wurden sie verächtlich *Gutmenschen* genannt. Von den Gegenspielern der Teufel, den Engeln, die im himmlischen Auftrag unterwegs waren, wurden diese besonders beschützt. Denn tatsächlich herrschte beständiger Kampf auf Erden. Die Engel hatten den Auftrag, das Unwesen der Teufelsschar einzudämmen und ein Gleichgewicht der Kräfte aufrechtzuerhalten. So einen musste er finden, er sollte als Botschafter dienen, um Gott sein Anliegen vorzubringen. Der Höllenlehrling lief also an den Wassermassen entlang und hielt Ausschau. Bald traf er auf eine Gruppe der Himmelswesen, vertieft ins Gespräch. Vorsichtig zupfte das Teufelchen an einem der Flügel.

Empört runzelte der gestörte Geflügelte die Stirn und sprach in strengem Ton: »Das ist ja ganz unerhört, ihr Höllengesindel werdet immer unverschämter! Was erlaubst du dir, dich unter unseresgleichen zu mischen und obendrein meinen Flügel zu beschmutzen?«

Das Teufelchen war zerknirscht und entmutigt, gleichzeitig erstaunt darüber, wie überheblich dieser Abgesandte des Himmelsherrschers war. Er hätte doch auch höflich fragen können, was es denn bei ihnen wolle. Immerhin sollten sich Engel doch zu benehmen wissen. Diese Überlegung stärkte es wieder, denn wenn es als Höllenschüler bessere Manieren hatte, dann hatte es alles Recht, seine Klage über die ewige Verdammnis selbstbewusst vorzutragen. Es besann sich, seiner Verärgerung über die herablassende Anrede nicht Luft zu machen, sondern gesittet zu antworten. Autoritäten mochten das – auch das hatte es in seiner Höllenlehre gelernt.

Erwartungsvoll blickte es in die Runde und piepste schließlich: »Verzeiht, erhabene Engel, ich musste mich nur bemerkbar machen, denn ich habe ein wichtiges Anliegen vorzutragen. Ich ersuche um eure Vermittlung einer Audienz beim Allerhöchsten.«

Stille. Die breitete sich aus unter den fassungslosen Himmelswesen. Angestrengt wogen die Engel ab, ob diese gewählte Ausdrucksweise eine neue gefinkelte Methode der höllischen Widersacher war, sie auszutricksen, oder ob vor ihnen einer stand, der dort nur aus Versehen hingeraten und womöglich einer von ihnen war. Das schien allerdings unmöglich, so etwas war noch nie vorgekommen. Da der Kleine bisher nur von Höllenwesen umgeben gewesen war, hielt er sich selbstverständlich für einen Teufel, nie wäre ihm in den Sinn gekommen, sein Höllendasein könnte die Folge eines Irrtums sein. Langsam fanden die Himmlischen ihre Fassung wieder, und weil sie ja besonnen sein und an das Gute glauben mussten, entschieden sie sich dazu, dem Kleinen vorerst zuzuhören.

»Deine Rede ist zwar sehr ungewöhnlich für einen Teufel, aber bitte, trag dein Gesuch vor«, war die schon etwas umgänglichere Antwort auf seine achtungsvolle Ansprache.

Es hatte also den richtigen Ton getroffen, das beruhigte es ein wenig, denn aufregend war sein Auftritt in jeder Hinsicht. So blieb es sehr bemüht, seine Rede weiterhin mit angemessener und glaubwürdiger Wortwahl fortzuführen. »Aus Gesprächen meiner höllischen Brüder und Schwestern habe ich aufgeschnappt, der Allmächtige sei so barmherzig und ein Meister des Verzeihens. Ihnen gefiel dies gar nicht, sie lästerten darüber, waren auch zornig. In mir aber weckte es Hoffnung. Die Seelen, die in der Hölle landen, dauern mich. Nur weil eine in einen Körper gesteckt wurde, der den weltlichen Verlockungen nicht widerstehen konnte, muss sie nun die ganze Ewigkeit brennen? Ich kann nicht glauben, dass der Barmherzige so grausam sein kann. Ich würde ihm gern von diesem Elend berichten und hoffe auf eine nachsichtigere Lösung.«

Die Engel blickten erstaunt. Nicht nur, weil ein Teufel mit so einer Bitte daherkam. Seit Jahrtausenden waren sie der Meinung gewesen, dass durch die

Einführung des Fegefeuers bereits ausreichend für Schlupflöcher gesorgt worden war.

»Offenbar wisst ihr gar nicht, wie viele Seelen für alle Ewigkeit in der Hölle landen, es ist wirklich nötig, dass sich da was ändert«, stellte das Teufelchen klar.

Die Engel besprachen sich murmelnd und kamen zu dem Schluss, dass eine derart schwerwiegende Änderung einer Regel nur Gott höchstpersönlich vornehmen durfte. Das Teufelchen hatte also recht, es musste direkt bei IHM vorsprechen. Aber wie sollte das gelingen? Schließlich war es den Höllischen ganz und gar verboten, das himmlische Reich zu betreten. Einer der Engel erinnerte daran, dass sie ja überlegt hatten, ob der Kleine nur aus Versehen in die Hölle geraten sei. Sie würden Erzengel Michael ersuchen, die Abstammung des Teufelchens zu überprüfen, vielleicht fand er ja einen Fehler in seinen Listen, auch im Himmel konnten Irrtümer passieren, auch wenn das, soweit ihnen bekannt, noch nicht vorgekommen war. Allerdings waren sie in der Hierarchie ganz unten, zählten zum Fußvolk, wussten daher beileibe nicht über alles Bescheid, was im Himmel so vor sich ging. Jedenfalls, gerade weil es ihre Aufgabe war, auf der Erde zu wandeln und die Menschen schützend zu begleiteten, war ihnen daran gelegen, deren Leiden abzumildern. Also sandten sie eine Botschaft an Michael, dass es einen möglicherweise irrgelaufenen Engel gebe, der eine Audienz beim Allerhöchsten begehre. Dass es um die Regeln der Seelenreinigung ging, verschwiegen sie, sonst hätte es womöglich gleich eine Absage gegeben.

Weil Zeit nur Illusion ist, folgte die Antwort umgehend. Die Prüfung hatte zwar keinen Fehler ergeben, doch Gott hatte der Audienz zugestimmt. Er würde sich einen Dornbusch auf Erden aussuchen, dort könne das Teufelchen ihn aufsuchen und sogar ein Feuer legen, falls ihm danach sei. Am heißen Strand der südlichen Erdteile waren ausgetrocknete Dornbüsche keine Mangelware. Sie zum Brennen zu bringen hielten die Himmlischen, die sich auf der Erde besser auskannten als ihr Herr und Meister, allerdings für keine gute Idee. Waldbrände waren hier an der Tagesordnung, einen weiteren wollten sie nicht riskieren. Das Teufelchen beruhigte sie, schließlich waren die Höllenfeuer einer der Gründe gewesen, seinen Weg Richtung Himmel zu suchen, Feuer hatte es wirklich satt. Sicherheitshalber begleiteten zwei der Engel den Kleinen und schon standen sie vor dem Busch, aus dessen Mitte die Stimme des Allwissenden donnerte: »Du Teufelswesen wagst es, meine Gesetze zu hinterfragen? Was macht dich so übermütig? Haben dich etwa deine Vorgesetzten geschickt, als neueste perfide Strategie, meine Herrschaft zu unterwandern?«

Bei allem ersten Schrecken, der den jungen Teufel bei diesem Theatergetöse erfasste, erkannte er, dass er wohl auf die Probe gestellt wurde. Sobald er sich wieder gefangen hatte, konterte er: »Du bist nicht nur der barmherzige und allmächtige, sondern auch der allwissende und einzige Gott.« Dass es früher viele andere, längst entthronte Götter gegeben hatte, vermied der Kleine sicherheitshalber anzumerken. »Also weißt du doch, dass ich aus freien Stücken und ohne Hintergedanken hier vor dir stehe und ich ein wichtiges Anliegen, das mich nicht in Ruhe lässt, vorbringen will. Und weil du so liebend und barmherzig bist, hoffe ich, dass du Erbarmen mit der Krone deiner Schöpfung, deinem Ebenbild, dem Menschen hast.«

Gott war verblüfft. Der höllische Kerl war nicht nur mutig, sondern auch schlau, sozusagen mit allen Wassern gewaschen – ein Ausdruck, der ihm im Zusammenhang mit der Herkunft des Teufelchens allerdings höchst unpassend erschien. Seine Argumente waren treffend, das musste er anerkennen. Aber er war Gott und auch er hatte treffende Argumente: »Wenn du so viel weißt über mich, dann ist dir sicher auch bekannt, dass ich die Menschen mit einem freien Willen ausgestattet und deinesgleichen gestattet habe, das auszunutzen. Die Seelen sind frei von Schuld, durch ihr Menschsein werden sie aber verführbar. Während ihres Erdendaseins vergessen sie ihre göttliche Abstammung, denn nur in diesem Zustand der Wahlmöglichkeiten kann die Schöpfung und damit auch ich selbst auf die Probe gestellt werden.«

Des Kleinen hitziges Blut geriet in Wallung und mit der Diplomatie war es zu Ende. »Was, DU hast ihnen die Suppe eingebrockt? Und wenn dir das Ergebnis nicht gefällt, steckst du sie in die Hölle? Und die Arbeit des Quälens überlässt du dann auch noch anderen? Das heißt, den Teil von dir, der dir missfällt, entsorgst du so mir nichts, dir nichts? Findest du das in Ordnung, Gott?«

Das saß. Und noch dazu hatten zwei seiner Engel zugehört. Nun galt es, Haltung und Würde zu bewahren. Wäre Gott nicht im Dornbusch gewesen, sondern hätte als älterer Herr auf einem Thron gesessen, gemäß dem Bild, das wir aus alten Büchern in Erinnerung haben, hätte er sich über den langen Bart gestrichen und nachdenklich mit dem Kopf gewackelt. Doch er hatte keine Form und demgemäß auch keinen Bart. Den hätte er in diesem Moment allerdings gern gehabt, um seine Unsicherheit zu verbergen. Gottes Stimme war leise geworden. »Wenn du mich so fragst, denke ich, du hast schon ein wenig recht«, sagte er. »Das mit der ewigen Verdammnis sollte wohl doch ein wenig anders werden.« Er konnte ja nicht gleich alles über den Haufen werfen, also etwa die Hölle ganz abschaffen. Was hätte er denn mit all den Teufeln getan, die dort gut aufgehoben waren? So eine Schar arbeitsloser Teufel war ein Sicherheitsrisiko, im Himmel hätte er sie keinesfalls unterbringen wollen, nein, ganz und gar nicht. Sie auf der Erde auszulassen war eine ebenso schlechte Idee. Aber die Regeln des Jüngsten Gerichts konnte er ändern, das würde nicht so auffallen, weil es ja in einem fernen Abschnitt der Ewigkeit stattfinden würde. Und davor könnte es Fristen geben, nach denen die Seelen sich erneut der Prüfung stellen durften.

Der während des Gespräches um ein ganzes Stück gewachsene Teufel fand diese Lösung vernünftig. Besonders, weil er Teil der Prüfungskommission werden sollte. Er sollte sich also mit den Engeln beraten, die

Fristen mitbestimmen und danach feststellen, ob ein Übertritt ins Himmelreich gestattet werden konnte.

Seitdem werden Seelen wiedergeboren. Es gibt junge, mittelalte und auch ganz alte. Genau wie Menschen, nur dauert es sehr viel länger, bis sie alle Altersstufen durchlebt haben. Die jungen sind ungestüm und probieren sich aus, ganz wie Menschenkinder. Jeder Fehler macht sie ein bisschen weiser. Von Leben zu Leben lernen sie dazu und entscheiden auf Grund ihrer Erfahrungen. Wenn sie sich endlich in ihrem Menschsein nicht mehr so wichtig nehmen und den teuflischen Verführungen nichts mehr abgewinnen, dürfen sie ins Himmelreich.

Wenn du also von einem Menschen erfährst, der nur seinen eigenen Gesetzen folgt, oder gar so einem begegnest, dann könnte es eine noch junge Seele sein. Dann kannst du ganz gelassen bleiben, denn sie probiert sich grad erst aus, auch sie wird lernen und weiser werden.

Das Unterwasserfest

*Ein Leben ohne Feste gleicht
einer weiten Reise ohne Einkehr.*

Demokrit

Einst lebte ein bunter Drache auf dem Meeresgrund. Das war zwar seltsam, denn Feuer und Wasser vertragen sich bekannterweise nicht, aber dieser Drache hatte es leid, Wälder niederzubrennen. Er wollte auch keine Prinzessinnen, die sich vor ihm ängstigen würden. Und schon gar nicht wollte er irgendeinem Helden seinen Kopf als Trophäe überlassen, damit ihn so eine Prinzessin heiraten würde.

Also hatte er die Wasserkönigin gebeten, ihn in ihrem Reich aufzunehmen. Vor seinem Feuer brauchte sie sich ja nicht zu fürchten, hier in ihrem wässrigen Reich. Damit der Drache unter Wasser atmen konnte, passte ihm der Obermolch Kiemen an, sein Schuppenkleid war ohnedies sehr passend. Zwischen seinen Krallen wuchsen Häute, mit denen konnte er sich bestens in der Tiefsee fortbewegen. Das war wichtig, denn nur herumlungern, das duldete die Wasserkönigin nicht. Hier hatte jedes Wesen seine Aufgabe und sorgte für das Fortkommen der anderen.

Eines Tages beschloss die Königin, alle Wasserwesen zu einem großen Fest zu laden. Es gab keinen bestimmten Anlass dazu, es war nur einfach Zeit geworden, sich miteinander zu vergnügen. Für das Meeresleben war es förderlich, wenn sich alle wohlfühlten, sich ihrer Gemeinschaft bewusst wurden und erfuhren, was die anderen so trieben. Jedes sollte einen ganzen Tag lang tun und lassen können, was ihm beliebte, ohne Verpflichtung. Kein Versäumnis führte zu Mangel, niemand würde zu Schaden kommen, denn die Raubtiere hatten Auszeit und alle konnten entspannt feiern. Auch wenn sie sich sonst nicht so grün waren, die Regeln der Wasserkönigin wurden befolgt. Und für ein Fest lohnte es sich ja auch, sich zu fügen.

Der Drache erhielt dafür eine besondere Aufgabe: Er sollte für die gebührende Unterhaltung und Festgestaltung sorgen. Voll Vorfreude, aber auch Stolz, dass er mit so einem wichtigen Auftrag betraut worden war, machte er sich auf den Weg zu seinem Freund, dem Wal. Die beiden hatten sich seit seiner Ankunft im Meer sofort blendend verstanden, was vielleicht auch daran lag, dass sie in etwa gleich groß und alt waren und sich von Zeiten zu erzählen wussten, als die Wassertiere sich an Land begeben hatten und viele von ihnen dortgeblieben waren. Der Drache berichtete von seinen Verwandten, die Flügel entwickelt hatten und durch die Lüfte segelten. So waren schließlich alle Elemente vereint worden, das verstand er nun und dankte stumm seinen Artgenossen, die dem Feuer nicht abgeschworen hatten.

Nun aber sollte das Fest vorbereitet werden. Der Wal sagte sofort seine Hilfe zu und sang all seinen Kumpanen eine Botschaft. Ihr Auftrag war, ein mächtiges Orchester zu bilden. Wale aller Arten sowie Delfine strömten herbei und begannen zu proben. Dieser gemeinsam ersungene Klangbogen war mächtig, das Meer geriet in Bewegung und schwappte über alle Ufer. Die musikalische Begleitung war jedenfalls gesichert. Rhythmische Ergänzung steuerte eine Krebsschar bei, indem sie mit ihren Scheren den Takt klapperte. Davon wurden die Seepferdchen angezogen und zu einem zierlichen Tanz verlockt, bunte Fische flitzten zwischen ihnen hindurch. Oktopoden trafen ein und dirigierten mit ihren vielen Armen die Musiker und Musikerinnen. Nixen und Wassermänner blieben nicht lange aus, in eleganten Tanzfiguren umkreisten sie die schwungvolle Gemeinschaft.

Um ein Korallenriff herum bildeten Seeigel und Seesterne Bögen und Schlangenlinien, um den Platz der Darbietungen als Bühne erkennbar zu machen. Dort sollten Gauklerinnen und Akrobaten auftreten. Der Drache lockte einige Oktopoden aus der Menge und wies sie an, sich im Verbund mit Seeschlangen zu einem fantastischen Gewebe zu verschlingen. Einige Krebse hatten zuvor bereits eingewilligt, sich von anderen Vielarmigen jonglieren zu lassen. Dafür sollten sie auch reichlich Ehrerbietung im Anschluss erhalten, hatte der Drache ihnen verheißen. Die Kraken wiederum versprachen, sie nach dem Fest nicht zu verspeisen, schließlich waren sie einander nun bekannt und

Freunde frisst man nicht, das gebietet der Anstand. Für komödiantische Einlagen würden Robben und Pinguine sorgen, ein abwechslungsreiches Schauspiel war damit garantiert. Haie unterschiedlicher Größen tummelten sich im Bühnenrevier, sie wollten außergewöhnliche Schwimmkunststücke vorführen. Für sie hatte der Drache Hindernisse aufgebaut, über und unter denen sie ihre Kurven vollführen sollten.

Der Drache wippte zufrieden auf und ab, doch für ein Fest brauchte es auch kulinarische Freuden. Kein Tier sollte dafür zu Schaden kommen, das Buffet musste also ein vegetarisches werden. Seetang, Algen und andere Meeresfrüchte wurden von eifrigen Wasserzwergen geerntet, anschließend von begabten Köchinnen zu kunstvollen wie wohlschmeckenden Gerichten vereint.

Nun brauchte es nur noch einen Trommelwirbel, um den Beginn des Festes kundzumachen, das übernahm der Drache höchstpersönlich. Der Panzer einer Riesenschildkröte war ihm gerade recht, die uralte Dame erlaubte ihm, seine Pranken rhythmisch auf ihre Schale zu schlagen. Ihr gefiel die Massage, es war richtig zum Angewöhnen. Sie nahm sich vor, eine entsprechende Abmachung mit dem einzigartigen Zeremonienmeister zu treffen. An seiner Seite hatten sich zwei Delphine postiert, mit schrillen Rufen begleiteten sie sein Trommeln. Das war das Zeichen für die Meereskönigin, die nun im prächtigen Ornat aus ihrer Höhle herausglitt, gefolgt von den nicht minder prächtig geschmückten königlichen Nixentöchtern.

Die versammelte Gemeinschaft erwies ihnen, jede und jeder auf ihre Weise, entsprechende Ehrerbietung. Dann aber konnte keines der Wasserwesen mehr an sich halten, es wurde getanzt, gespielt, jongliert und geschmaust, Schwimmkunststücke wurden prämiert und alle waren vergnügt. Es war ein Fest, von dem noch lange Zeit erzählt wurde.

Der Drache war überaus zufrieden mit sich selbst. Sein Entschluss, Meeresbewohner zu werden, hatte sich mehr als ausgezahlt. Überdies hatte er neue Freunde gewonnen. Der Schildkröte versprach er ein wöchentliches Massagevergnügen, er verabredete sich mit dem Wal zur Plauderstunde und mit den Delfinen plante er, eine Unterwasserband zu gründen. Denn am gemeinsamen Feiern hatte er großen Gefallen gefunden.

Die Erde und der Wicht

Der einzige Sieg, an den ich glaube, ruht in der Kraft des Samenkorns. Senke das Samenkorn in die Erde, in die weite schwarze Erde, und der Sieg ist dein – mag es auch langer Zeit bedürfen, bis wir den Weizenhalm triumphieren sehen.

ANTOINE DE SAINT-EXUPÉRY

»So ein Gesindel!« Die dicke Frau hatte sich mächtig aufgeplustert. Waren doch etliche Buben, deren Eltern ihnen zu wenig Anstand vorgelebt hatten, in ihr Gemüsebeet getrampelt. Sie hatten Pflanzen ausgerissen und sogar ihre Notdurft darin verrichtet! Noch Stunden danach war die Frau empört über so viel Unverfrorenheit, so wenig Gefühl für die Pflanzen- und Kleintierwelt.

Sorgsam hatte sie ihr kleines Beet gepflegt, für reichlich Regenwurmnahrung gesorgt, Humus eingearbeitet und schließlich auf dem Fensterbrett vorgezogene Pflänzchen eingesetzt. Täglich hatte sie nach ihnen geschaut, sie mit Wasser versorgt und ihnen gut zugeredet, damit sie sich recht wohlfühlten und zum

Dank reichlich Frucht brächten. Doch nun war alles umsonst gewesen. Schlapp und zerzaust lagen sie da, ihre Tomatenpflanzen und Salate, ihre Kräuter und Erbsentriebe. Umsonst war es gewesen, alles umsonst. Sie versuchte zwar zu retten, was noch ein wenig bewurzelt war, doch ihre Hoffnung war gering, dass sich die Pflänzchen noch einmal erholen würden. Betrübt erzählte sie ihnen von ihrem Kummer um sie. Sie redete ihnen gut zu, sie sollten ihr junges Leben noch nicht lassen, ein sonniger und warmer Sommer würde auf sie warten und ihre Kraft sollte in saftig rote Früchte fließen. Bei den Erbsen allerdings war jede Hilfe zu spät, ihre zarten Halme waren zerquetscht, aus ihnen konnte beim besten Willen nichts mehr werden. Erschöpft setzte sie sich auf den Strunk, den sie sich als Stütze ihres Gewichtes an den Beetrand gestellt hatte. Kopfschüttelnd saß sie da, die Trauer um die unschuldigen, so geliebten und umhegten Lebewesen stieg in ihr hoch und Tränen flossen ihr über die Wangen.

Als sie so eine Weile vor sich hin verzweifelte, spürte sie ein Rupfen und Ziehen an ihrem wollenen Rock. Sie meinte, irgendein Tier – eine Katze vielleicht oder ein streunender Hund – mache sich an ihr zu schaffen, und erneut ärgerlich pfauchte sie und schlug danach, ohne darauf zu achten, wer oder was ihr Unglück stören wollte. Aber den empörten Aufschrei konnte sie nicht überhören, und weil sich der weder nach Katze noch nach Hund anhörte, obsiegte die Neugier und sie öffnete die Augen, aus denen eben noch Tränen gequollen waren.

Vor ihr stand doch tatsächlich ein Wicht, braun wie die Erde, die so grob durchwühlt worden war, mit ebenso dunkelbraunen Augen. Sie waren das Einzige an ihm, das darauf hinwies, dass vor ihr ein Wesen und kein Erdhaufen stand. Das Weiße seiner Augen leuchtete in der gerade hereinbrechenden Dämmerung. »Wer bist denn du?«, fragte sie verwundert und ziemlich leise, sie war sich nicht sicher, ob Vorbeigehende sie nicht für verwirrt halten würden, wenn sie da mit einem Erdhaufen sprach.

Doch der antwortete tatsächlich: »Ich bin der Wächter deines Beetes, es tut mir so unendlich leid, aber ich habe versagt. Ich weiß, wie man Würmer und Insekten zähmt, ich zeige den Maulwürfen den Weg für ihre Tunnel, damit sie für Belüftung sorgen, die Wurzeln aber unbeschädigt lassen. Ich verjage die Vögel, die sonst die Samen wegpicken, bevor sie keimen können, und winke Regenwolken herbei, wenn die Erde droht auszutrocknen – obwohl ich darin nicht so gut bin, die Wolken sind recht eigensinnig. Gegen so wilde Buben jedoch bin ich machtlos. Niemand hat mir je gesagt, wie ich mit so einer Horde umgehen soll. Jetzt, wo sie fort sind, möchte ich zumindest mein Bestes beitragen, damit die Pflanzen doch noch Früchte tragen können und ich meine Aufgabe wieder aufnehmen kann.«

Da war sie erst mal sprachlos, die Frau, die keine Mühe scheute, den Pflanzen, die sie so liebte, die beste Pflege angedeihen zu lassen. Gedankenverloren streckte sie dem Wicht ihre Hand zum Gruß entgegen und wirklich, er legte ein winziges Händchen in ihre. Da fühlte sie sich mit einem Mal so glücklich, wie ein Strom floss es durch ihren Körper und wärmte sie von innen wie eine Sonne, die aus ihrem Inneren nach außen strahlte. Dieses Gefühl war so wunderbar und mächtig, ganz selig verharrte sie im Moment und hoffte, er möge nie vergehen. Eigentlich hatte sie sich ja vorstellen wollen, nun aber war da kein Wollen mehr und kein Denken, nur Sein und Empfinden.

Der Wicht lächelte, das heißt, seine erdige Haut spannte sich ein wenig und schien ebenfalls wie von innen erleuchtet. Er kannte diese Wirkung, allerdings hatte er schon sehr lange keine Gelegenheit mehr gehabt, dieses Gefühl der Freude und des Glücks auf einen Menschen übertragen zu können. Denn nur, wenn er über sein eigenes Versagen ratlos war und gleichzeitig ein Mensch, der für seine Besonderheit empfänglich war, darüber trauerte, konnte er sich diesem zeigen und einen Austausch beginnen. So blieben sie eine ganze Weile – die Frau, die andächtig den Moment genoss, als könne sie das Glück für alle Ewigkeit in sich aufnehmen, und der Wicht, der sich dem Strömen dieses Gefühls hingab. Denn auch wenn er versagt hatte, ihr Stückchen Erde zu beschützen, so war er doch in der Lage, einen Menschen unsagbar glücklich zu machen.

Inzwischen war es dunkel geworden, die ersten Sterne blinkten auf sie herunter und endlich erwachte die Frau aus ihrer Trance. Noch einmal umschloss sie das Händchen ganz vorsichtig und dankte dem Kleinen für seine Hingabe. Auch war es kühl geworden, es war Zeit, ins Haus zu gehen. Mit dem Wicht verabredete sie sich für den nächsten Morgen, gemeinsam wollten sie sich ansehen, was noch zu retten war, und ihr Beet abschirmen, damit ihre Mühen kein weiteres Mal zunichte gemacht werden konnten. Und sollte der Frau einer der Wüstlinge über den Weg laufen, dann würde sie den ordentlich ins Gebet nehmen. Vielleicht war da ja noch ein bisschen Verständnis in ihm und seinen Kumpanen. Dann könnte es schon reichen, sie ein wenig in die Geheimnisse des Wachsens, Gedeihens und Vergehens einzuweihen – damit nicht das Letzte zuerst käme.

Das Spielkartengericht

Im Leben geht es nicht darum, gute Karten zu haben, sondern gut zu spielen.

Robert Louis Stevenson

Sie war müde geworden, sehr, sehr müde. Sie konnte sich nicht daran erinnern, sich jemals so verausgabt zu haben, dabei hatte sie nur kurz eine Freundin besuchen wollen. Doch daraus war nichts geworden. Stattdessen war sie in einem endlosen Tunnel gelandet, aus dem es kein Entrinnen zu geben schien. So weit sie auch ging, immer nur umgab sie dieser Stollen durch – ja durch welchen Berg, welches Land, welche Gegend? Sie spürte die drückende Schwere des Steins um sich herum, atmete die abgestandene Luft, hörte ihre eigenen Schritte – und sonst nichts. Diese tonlose Stille war das eigentlich Beängstigende. Wenn sie diese zu durchbrechen versuchte, hallte es von allen Seiten zurück und ergab doch keinen Klang eines Umfelds, wie sie es gewohnt war, ohne es besonders zu bemerken. Es war diese Tonlosigkeit, die auffiel, es fehlten die Geräusche, die Teil des Gewebes waren, in dem sie sich auskannte, wo sie die Wege nicht suchen musste, wo sie wusste, wie lange es dauern würde, um vom Ausgangs- zum Endpunkt zu gelangen. Hier aber sah sie kein Ende und keinen Anfang. Sie wusste nicht, wie sie in diese geschlossene Welt geraten war. Als sie sich bereits verloren geglaubt hatte, hatte sie sich hier wiedergefunden.

Sie war umgeben von Grau, sah nichts als grauen Boden, graue Wände, die sich über ihr trafen, um ineinander überzugehen. Gedämpftes Licht erhellte den Tunnel, eine Lichtquelle war nicht auszumachen, vielmehr schien die schummrige Helligkeit wie eine Gaswolke den Raum auszufüllen. Nichts veränderte sich. Es blieb grau und dämmrig. Schritt um Schritt setzte sie der steinigen Ausweglosigkeit entgegen. Plötzlich schoss in einigen Metern Entfernung eine Spielkarte, größer als sie selbst, aus der Wand. Es war der Karo-König, der sie anstarrte. Sie starrte zurück, ihre Füße standen still.

»Willst du dich nicht endlich gebührend verbeugen?«, schrie der Spielkartenkönig und lief dabei noch röter an, als er ohnedies schon war.

»Gleich wird er platzen«, schoss es ihr durch den Kopf.

Im selben Moment sprang von der anderen Seite eine weitere Spielkarte aus der Wand. Der Karo-Bube schnitt ihr den Weg ab. »Hast du nicht gehört, du sollst dich verbeugen!«, plärrte nun er.

»Ihr seid doch nur Spielkarten«, rief sie endlich aus zugeschnürter Kehle.

»Was soll das heißen, *nur* Spielkarten?« Der

König blickte bedrohlich drein. »Wer bist du denn, du Figur ohne Rahmen und Kennung? Hat dich die Treff-Bande geschickt, inkognito? Haben sie dir die Kreuze wegradiert, weil sie glauben, wir würden dann ihren Angriff nicht bemerken?«

Von irgendwo hinter dem Spielkartenkönig hörte sie verärgertes Lachen und eine weibliche Stimme: »Die traut sich was, die schwarze Bande!«

Nun erkannte sie im Dämmerlicht die Karo-Königin und hinter ihr die Zahlenkarten. Alle waren versammelt, von der Zehn bis zum As. Dieses drängte sich nun vor, bis es beim König angelangt war. »Hat sie sich immer noch nicht verbeugt, wie es Sitte ist?«, donnerte es mit mächtiger und sehr tiefer Stimme. »Dann muss das Zahlengericht einschreiten! Bube, du bist der Ankläger, Acht, du bist die Richterin. Und Neun, du bist die Weiseste, du übernimmst den Part der Verteidigung.«

Verwirrt blickte die im Tunnel Gefangene umher. Sollte ihr Leben etwa so enden, verurteilt von einem Gericht der Spielkarten? Welches Spiel war das überhaupt? Und wo waren die anderen Farben? Sollten die sich doch untereinander verurteilen, sie war definitiv nicht mit von der Partie.

Doch dass sie sich fehl am Platz fühlte, scherte die Herrschafts-Karos überhaupt nicht. Sie hatte sich nicht unterwürfig gezeigt, das musste bestraft werden. Sie konnten nicht dulden, dass die Kartenordnung unterwandert wurde, das hätte unabsehbare Folgen. Womöglich würden die Zahlenkarten dann gleiche

Rechte einfordern und sich an keine Regeln mehr halten, Anarchie würde ausbrechen und kein Spiel könnte mehr gelingen.

Der Bube hatte sich bereits in Stellung gebracht und plusterte sich noch mehr auf. »Jetzt ist der kurz vorm Platzen«, dachte sie bei sich. Die Acht stellte sich eher widerwillig in die Mitte des Tunnels, König und Königin standen hinter ihr und beobachteten erwartungsvoll das Geschehen. Die Neun bewegte sich, so langsam sie nur konnte, in Richtung der Angeklagten. Die restlichen Karten postierten sich hinter ihr, nicht ohne sich gebotsgemäß vor König und Königin zu verbeugen. Die Verbeugung geriet tiefer, je niedriger der Kartenwert war. Nun war sie umzingelt, ein Entrinnen war aussichtslos geworden, wiewohl der Versuch ihr ohnedies lächerlich erschien. Sie war ja bereits zuvor an der Endlosigkeit des Tunnels gescheitert.

»Das hohe Gericht ist bereit, die Sitzung ist eröffnet«, hörte sie die Acht, also die Richterin, ankündigen.

Das Licht im Tunnel hatte sich verändert. Dort, wo alle versammelt waren, war es heller geworden, während die beiden Stollen im Nirgendwo verendeten. Dieses Kreisrund des Gerichts verstärkte den Eindruck des Unentrinnbaren, sie fühlte sich eingekesselt und ausgeliefert. Weitere Karokarten waren dazugekommen. Kleiner als die bisherigen, hielten sie sich dicht gedrängt im Hintergrund. Eine Armee der Stillen, die an jedem vielleicht doch vorhandenen Schlupfloch Wache standen.

Die Acht hatte dem Buben das Wort erteilt, der

war bereits voll in seinem Element. Bedeutungsvoll zitierte er die entsprechende Anordnung, wonach jede und jeder im Reich der Karos sich gegenüber dem Königspaar ehrfürchtig zu verhalten habe. Zum Gruß war eine Verbeugung als angemessen bestimmt. Je nach Anlass musste diese bis zum Liegen auf dem Boden gesteigert werden.

Die Acht nickte beifällig und sprach sie nun erstmals direkt an, um ihr das Strafausmaß deutlich zu machen: »Wer diese Regel missachtet, drückt damit aus, dass er entweder aus dem feindlichen Lager und damit umgehend zu vernichten ist oder ein fremdes Subjekt, dessen Gefährlichkeit nicht einschätzbar und umso mehr zu vernichten ist.«

So oder so, die umgehende Exekution war die Folge des Urteils. Aber weil die Karos sich Regeln gegeben hatten, musste auch alles seine Ordnung haben, deshalb war ihr die weise Neun als Verteidigerin zur Seite gestellt worden. Diese war nun aufgerufen, alles vorzubringen, was zu ihrer Entlastung erwähnenswert sein mochte, gegebenenfalls Zeuginnen und Zeugen zu benennen, die ihre Identität und damit Gefährlichkeitsstufe aufzeigen konnten. Die Neun war zwar weise, neigte aber auch zur Ungeduld. Man merkte ihr an, dass sie die leidige Angelegenheit rasch hinter sich bringen wollte. So ein Aufheben und alles wegen einer Verbeugung! Hätte sich die Delinquentin gleich entsprechend verhalten, wäre der ganze Zirkus gar nicht nötig gewesen und sie – die Neun – könnte sich weiter ihren Studien widmen. Da sie aber nun die Rolle der

Verteidigerin übernehmen sollte, nahm sie das genau, die Regeln, die sie sich selbst auferlegt hatte, befolgte sie immer gewissenhaft. Also mahnte sie Gesprächszeit ein, denn schließlich musste sie die Angeklagte zunächst befragen, um entsprechende Argumente für ihre Verteidigung zu gewinnen. Gerechtigkeit war der höchste Anspruch der Acht, demzufolge verfügte sie eine Vertagung der Verhandlung um einige Stunden, die Neun solle bekanntgeben, wann sie bereit seien.

Sie stand da und blickte die Spielkarte an, auf der neun Karos rot leuchteten. Vier links, vier rechts und eines genau in der Mitte. Die Absurdität der Szenerie wurde ihr endlich bewusst. Was sollte diese Karoansammlung mit Weisheit zu tun haben? Und was war zu verteidigen? Sie brach in schallendes Gelächter aus, die Wucht ihres Lachens warf alle Karten um und statt des graubraunen Tunnelgewölbes blickte sie ins Himmelsblau über ihr. Sie lag auf einer Blütenwiese, in der rote Sternchenblüten im Sommerwind wogten. Es war Zeit, ihre Freundin zu besuchen. Unterwegs würde sie überlegen, ob sie ihr von ihrem Erlebnis berichten wollte.

Der Weg des Träumers

Denken ist die Arbeit des Intellekts, Träumen sein Vergnügen.

VICTOR HUGO

Es war einmal ein junger Mann, der hatte sich im Wald verlaufen. Die Tage des Umherirrens hatten seinen Verstand aussetzen lassen, er war längst nur mehr herumgestolpert, ohne einen klaren Gedanken fassen zu können. Erst die totale Erschöpfung hatte ihn zum Innehalten gebracht. Entkräftet setzte er sich auf einen Baumstumpf und blickte sich um. Um ihn herum lag weiches Moos, die Sonne schimmerte da und dort durch die Baumwipfel und die Vögel sangen ihre Lieder. Endlich fasste er ein wenig Mut, seine innere Unruhe ebbte ab.

Was nur hatte ihn so getrieben? Er wunderte sich über seine Ziellosigkeit und Unfähigkeit, planvoll vorzugehen. Das weiche Moos verlockte ihn zusehends, Erholung erhoffend legte er sich auf diese weiche Matte der Natur. Augenblicklich schlief er ein und die Wunderwelt der Träume tat sich ihm auf. Ihm erschien eine große Frau, eine Lichtgestalt, sie trug eine ebenso strahlende Schale in ihren Händen. Dieser entstieg milder Dampf, der sein Gesicht einhüllte, seine Hände benetzte und an ihm herablief. Eingehüllt in diesen goldschimmernden, durchscheinenden Umhang fühlte er sich wie neu geboren. Noch nie gekannte Kraft erfüllte ihn. Es schien ihm, als könne er eine ganze Armee umschlingen und davontragen, an einen Ort, an dem sie kein Unheil anrichten konnte. Kaum gedacht, geschah es, Tausende Soldaten bewegte er von hier nach dort. Die Verwirrung unter den entorteten Männern war groß. Um sie herum gab es nichts mehr zu bekämpfen, vor keinen Angreifern mussten sie sich wappnen, nichts war zu erobern.

Sie formten Worte in unbekannten Sprachen. Ziellos liefen sie umher, fragten einander nach dem Woher und Wohin, ohne eine verständliche Antwort zu bekommen. Nach und nach verzogen sie sich, jeder in eine andere Richtung, lange konnte niemand sagen, was aus ihnen geworden war. Erst viele Jahre später erzählte dort ein Junge, da ein Mädchen von einem Mann, der plötzlich erschienen war, in Rüstung und Waffen. Doch weil er vergessen hatte, wozu diese dienen konnten, legte er sie ab und wurde Teil der Gemeinschaft.

Der Träumer aber sah sich auf dem Platz, der als Schlachtfeld hätte dienen sollen. Er suchte zu entdecken, was das Ziel des Angriffes hätte sein können. Durch eine Hügellandschaft zog sich ein zarter Fluss, den noch keine anderen hatten anwachsen lassen. Über Stock und Stein drängte er sich abwärts, mal schneller, mal langsamer, mal breiter, mal schmäler und gleichzeitig tiefer. Dieser Wasserstraße folgte der Träumer, immer noch rätselnd, was die Soldaten, die er fortgehoben hatte, angezogen haben mochte. Nach einer Weile, die er das lustige Plätschern verfolgt hatte, verengte sich der Weg. Rechts und links hoben sich Steinwände empor und bildeten eine zerklüftete Schlucht, hier war es feucht und kühl. Abermals wurde er sich seines schützenden Umhangs bewusst und auch der Kräfte, die er durch ihn gewonnen hatte. Er griff nach einem der Felsvorsprünge und zog sich hinauf – das überraschte ihn, so viel Schwung hatte er noch nie gespürt. Mit ein paar Griffen war er am Ende der Steinwand angelangt, als wäre es ein Kinderspiel.

Vor seinen Augen weitete sich eine Hochebene, bis zum Horizont konnte er blicken. Dort, wo Himmel und Erde zusammentrafen, versank die Sonne und legte ein kupfergoldenes Licht über die Landschaft. Hurtig lief er auf sie zu, um noch möglichst viel ihrer Begleitung zum Gehen zu nutzen, ehe die Zeit des Tages vorbei wäre und nur mehr Mond und Sterne den Weg karg beleuchten würden.

So schnell, wie er mit ein paar Klimmzügen die Wand hinaufgeeilt war, trugen ihn nun seine Schritte über die Ebene, doch die Sonne blieb immer gleich weit entfernt, während sie immer tiefer hinter dem Horizont versank. Als nur mehr ein rötlich rosiger Schimmer von ihrer Anwesenheit kündete und das Licht vor den Augen schwand, bemerkte er, dass der Glanz seines Umhangs seinen Weg beleuchtete und ihm die Richtung wies. Also lief er weiter, mit wachsender Aufregung, wo ihn sein Weg wohl hinführen würde. Nun lag der Ort, an dem die Sonne ganz versunken war, zu seiner Rechten und er lief die Kante entlang, die den Himmel zu durchschneiden schien.

Die Dunkelheit der Nacht legte sich über die Ebene, der von seinem Lichtumhang erleuchtete Weg strahlte umso mehr. Nach wie vor war er in Windgeschwindigkeit unterwegs. Die Landschaft veränderte sich nach und nach, es ging bergab, Bäume standen hier und dort und deren schemenhafte Formen hoben sich gerade noch gegen den dunkelblauen Himmel ab. Plötzlich zeigte die Lichtspur vor ihm nach oben und erleuchtete eine Tür. Kurz kroch die Angst in ihm empor, doch er vertraute der wegweisenden Spur und trat über die Schwelle.

Nun schlug ihm ein Lichtschwall entgegen, seine Augen mussten sich an diese Helligkeit erst gewöhnen. Das Licht schien von unzähligen Leuchtern, widergespiegelt in Dutzenden Spiegeln, die eine Halle begrenzten. Lichtumhüllte Gestalten schwebten darin umher. Eine von ihnen kam auf ihn zu, deutete ihm ein herzliches Willkommen und führte ihn zu der Gruppe der Lichtwesen, in die er sich einfügte, als wäre er immer schon da gewesen. Ein unsägliches Gefühl des Glücks durchströmte ihn, ein Gefühl, ganz im Sein angekommen zu sein, ohne Anfang und Ende, ein immerwährendes Miteinander ohne Müssen oder Wollen. Vor seinem inneren Auge tauchte das Bild der Soldaten auf und er blickte die Gestalt neben sich fragend an. In seinem Inneren spürte er die Antwort: Sie hatten gesucht, was er gefunden hatte, doch gemeint, es mit Gewalt erobern zu müssen. Aber das Glück lässt sich nicht einfangen, nicht besiegen oder erobern. Es findet den, der absichtslos dem Weg folgt, ohne zu fragen wohin, im Vertrauen, dass es zu seinem Besten ist.

Als er dies begriffen hatte, erwachte der Träumer, stand auf und ging durch den Wald, bis er aus ihm herauskam, ganz ohne Anstrengung. Am Rande des Waldes fand er den Weg, der nach Hause führte. An diesem Tag hatte er erfahren, dass er beschützt und begleitet wurde. Das Einzige, was ihm zu tun blieb, war, darauf zu vertrauen und sich führen zu lassen.

Das Buch der Tante

Es gibt so viele Dinge auf der Welt. Es ist wirklich wichtig, dass jemand sie findet.

Selma Lagerlöff alias Pippi Langstrumpf

Ein abgegriffenes Buch fand sich an Gretes achtem Geburtstag zwischen vielen anderen Geschenken. Die entfernte Tante, die nur alle paar Jahre zu Besuch kam, hatte sich offenbar wenig Mühe gemacht, ein für ein Mädchen passendes zu finden. Die Eltern ermahnten es aber, sich lieb zu bedanken, die Tante habe es sicher gut gemeint. Um mit den Kindern, die sie zum gemeinsamen Feiern eingeladen hatte, ungestört spielen zu können, gab sie der Tante folgsam die Hand und murmelte ein Dankeschön. Die hielt ihre Hand aber fest und flüsterte: »Vielleicht gefällt es dir nicht, doch oft trügt der Schein. Wenn du allein bist, solltest du es öffnen.« Das Mädchen war ein wenig verwirrt, doch während des Spielens vergaß es den Rat der Tante gleich wieder.

Als das Fest schließlich zu Ende war und alle Kinder abgeholt worden waren, herrschte großes Durcheinander in Gretes Zimmer. Ihre Spielsachen lagen kreuz und quer, dazwischen Papier und Schleifen von den vielen Geschenken, die Grete sonst noch bekommen hatte. Die waren prächtig anzusehen, ganz anders als das schäbige Buch, das sie in eine Ecke geworfen und eigentlich schon vergessen hatte. Sie stellte all die Spielfiguren, Puppen, Spiele, Malkreiden, Süßigkeiten und was sonst noch so dabei gewesen war, nebeneinander auf und war stolz, so wertvoll beschenkt worden zu sein. Sie begann zu spielen, dabei überkam sie die Müdigkeit und sie schlief zwischen all ihren Puppen, Plüschtieren, Spielen und Büchern, die da auch noch herumlagen, ein. Im Traum erschien ihr die Tante, die sie daran erinnerte, ihr Geschenk zu öffnen. Mit diesem Gedanken erwachte sie und ein morgendlicher Sonnenstrahl traf direkt auf das abgenutzte Buch. Nun regte sich doch die Neugier in ihr, sie wollte herausfinden, was es mit dem merkwürdigen Geschenk auf sich hatte. Beim Öffnen sollte sie allein sein, daran erinnerte sie sich, jetzt aber wartete ein Frühstück auf sie und danach musste sie zur Schule. Das war auch wichtig, denn sie musste ihren Freundinnen erzählen, was sie alles geschenkt bekommen hatte! Nur das Buch würde sie nicht erwähnen, schon gar nicht, ohne entdeckt zu haben, was für ein Geheimnis es in sich trug.

Nach der Schule lief sie besonders schnell nach Hause, die Neugier war so groß geworden, dass sie es nicht mehr aushielt. Ein bisschen Angst hatte sie auch, wer wusste schon, ob die Tante, die sie kaum kannte, ihr nur Gutes wollte? Beim Mittagessen wetzte sie auf ihrem Sessel hin und her. Weil die Eltern arbeiteten, war ihre ältere Schwester für sie und den Haushalt zuständig. Diese schimpfte entnervt: »Jetzt halt doch mal still oder geh aufs Klo, falls das der Grund für dein Gezappel ist!«

Die hatte ja keine Ahnung! Aber das mit dem Klo war eine gute Ausrede, schnell würgte Grete noch ein paar Bissen hinunter und sprang vom Stuhl, dabei ließ sie die Schwester wissen, dass sie danach gleich auf ihr Zimmer gehen würde. Diese war erleichtert, sie fand es lästig, die Kleine beaufsichtigen zu müssen.

Im Zimmer angelangt, schob Grete einen Sessel vor die Tür, um garantiert ungestört zu bleiben. Endlich war es so weit, das Buch wartete darauf, geöffnet zu werden. Sie setzte sich aufs Bett, rundum schauten ihre Kuscheltiere gespannt zu. Sehr vorsichtig nahm sie das Buch in die Hand und beäugte es zunächst von allen Seiten, nur zur Sicherheit, aber sie konnte nichts Außergewöhnliches entdecken. Nämlich gar nichts, das Buch hatte keinen Titel oder eine andere Aufschrift, der Einband war graubraun, mit einigen speckigen Stellen sah es sehr benutzt aus. Es musste durch viele Hände gegangen sein. Vielleicht war es doch interessanter, als sie angenommen hatte, weshalb viele Mädchen vor ihr schon darin gelesen hatten? Grete atmete tief ein, nahm allen Mut zusammen und klappte es auf.

Da war nichts, nur eine leere Seite. Ein wenig enttäuscht blätterte sie weiter. Auf der nächsten Seite stand: *Hallo, ich bin dein Buch.*

Na so was, wollte sich das Buch etwa mit ihr

unterhalten? »Hallo Buch, was ist an dir so besonders?«, flüsterte sie, denn sie wollte nicht, dass sich ihre Schwester später über sie lustig machte, weil sie Selbstgespräche führte. Den wahren Grund wollte Grete ihr nicht verraten, außerdem hätte sie ihr ohnedies nicht geglaubt. Sie ließ nämlich selten ein gutes Haar an ihr und ihren Fantasiegeschichten. Nur wenn sie etwas von ihr wollte, etwa eine gute Ausrede, um sich heimlich aus dem Haus schleichen zu können, dann umschmeichelte sie ihre kleine Schwester.

Während ihre Gedanken so abschweiften, schrieb sich ein neuer Satz auf die Seite: *Du musst in mir weiterblättern, dann wirst du es entdecken.* Na gut, sie blätterte also weiter. *Die Reise ins Schloss* stand da und kaum hatte sie das gelesen, fand sie sich in einem prächtigen Raum wieder, in einem noch prächtigeren Himmelbett und ein livrierter Diener reichte ihr eine Limonade.

Herrje, jetzt war ihr doch ein wenig mulmig zu Mute, denn so schön der Ort war – und die Limonade schmeckte ganz vorzüglich –, war sie doch ganz auf sich gestellt und hatte keine Ahnung, wie sie von hier wieder nach Hause zurückkehren konnte. Das Buch hatte sie immer noch in der Hand, also schaute sie erneut hinein, vielleicht stand da ja die Lösung? Und tatsächlich: *Grete ist im Schloss der Zauberin Rosenherz, die zwar sehr mächtig, aber auch sehr einsam ist. Sie wünscht sich Unterhaltung. Und weil die Erwachsenen nicht mehr an Zauberei glauben, musste Gretes Tante ihr das Zauberbuch schenken.*

Na so was, die Tante war also eine Gehilfin der Zauberin und war schuld an ihrer Entführung! An ihrem nächsten Geburtstag, wenn die Tante wieder zu Besuch kam, würde sie ihr ordentlich die Meinung sagen! Wenn sie dann überhaupt wieder zu Hause wäre! Sie spürte ihr Herz klopfen, aber wenn sie nun schon mal hier war, wollte sie zumindest das Schloss entdecken und die Zauberin kennenlernen. Vielleicht würde die ihr ein paar Zaubersprüche verraten, zum Beispiel wie die Hausübung sich von allein schrieb oder wie die Schwester eine freundliche wurde oder … Da fiel ihr soooo viel ein, dieser ungefragte Ausflug könnte sich tatsächlich auszahlen.

Vorsichtig bewegte sie die Füße Richtung Bettrand, schon war der Diener da und schob zwei entzückende Pantöffelchen auf diese. Gut, es war also in Ordnung, niemand würde sie daran hindern, das Bett zu verlassen. Unter ihren Füßen breitete sich der weichste Teppich aus, auf dem sie je gegangen war. »Der könnte grad so gut als Bett herhalten«, dachte sie. »Aber das wäre mir hier wohl nicht gestattet.« Sie blickte sich um und entdeckte all ihre Kuscheltiere, aufgestellt im Gänsemarsch, die nun ein Spalier bildeten, um ihren Weg zur Tür zu formen. Mittlerweile wunderte sie sich über gar nichts mehr. Der Diener kam mit einer goldenen Tasche herbeigeeilt, darin sollte sie das Buch verwahren und die Tasche umhängen. Das Buch hätte sie bestimmt nicht zurückgelassen, sonst wäre die Geschichte ja womöglich nicht weitergegangen! Aber das mit der Tasche fand sie sehr umsichtig, so hatte sie die Hände frei. Eben wollte sie die große goldverzierte Tür öffnen, da sprang sie schon auf. Zwei weitere Diener in noch üppiger geschmückter Livree verbeugten sich tief vor ihr und wiesen ihr den Weg.

Auch hier lag ein Teppich, der sie einen Gang leichtfüßig entlanglaufen ließ. Am anderen Ende, gegenüber der Tür, aus der sie eben getreten war, öffneten sich eine weitere und danach noch etliche mehr, wobei sie Raum um Raum durchschritt, jeder in einer anderen Farbe. Doch außer Teppichen war nichts darinnen.

Endlich erreichte sie eine schwarze Tür, übersät mit allerlei goldenen Symbolen. Diese, ungleich allen anderen zuvor, öffnete sich nicht von allein. Ein großer goldener Türklopfer, ein Löwenkopf, wartete darauf, geschlagen zu werden. Grete musste sich weit nach oben strecken, um ihn zu erreichen. Kaum angeschlagen, antwortete der mit Gebrüll und fletschte die Zähne. Erschrocken sprang sie zurück. Zur gleichen Zeit schwangen die Türflügel auf und gaben den Blick in einen Raum frei, aus dem ihr schwere Düfte und zarte Rauchschwaden entgegenwehten. Sie fürchtete den inzwischen verstummten Löwen. Was, wenn er sich auf sie stürzte, sobald sie durch die Tür ging?

Da hörte sie eine Stimme: »Komm nur weiter, Leo brüllt gern, er tut dir aber nichts. Nur ungebetene Eindringlinge müssen sich vor ihm in Acht nehmen.«

Etwas zögerlich setzte Grete also ihren Weg fort, den Blick auf den Löwen gerichtet, der diesmal aber starr und unbewegt blieb. Nur seine Augen verfolgten streng ihren Schritt. Der Raum, den sie betrat, wirkte, als wäre er all den Märchenbüchern, aus denen ihr früher vorgelesen worden war, gleichzeitig entsprungen. Zwar gab es keine magischen Wesen wie Zwerge, Feen oder Elfen, dafür aber Glaspokale, gefüllt mit schillernden Flüssigkeiten, andere aus Metall, aus denen es herausdampfte, und seltsame Gebilde mit unzähligen ineinandergreifenden Rädchen. Sie drehten sich, um schließlich eine Teetasse zu füllen, eine Kugel anzustoßen oder ein Lied zu spielen. Es gab Schüsseln, gefüllt mit Kuchen und Plätzchen, auf einem schnörkeligen Tisch stand eine Art Vase, darin steckten keine Blumen, sondern dünne, kurze Stöcke. Sie ähnelten Dirigierstäben, waren aber unregelmäßig geformt. Eine Gruppe von Instrumenten musizierte ganz ohne Spieler. Am Fenster ragte ein Fernrohr in den Himmel und etwas abseits rankten sich Pflanzen um Gerätschaften, Vasen und Skulpturen, die sich im Takt bewegten.

Inmitten all des Gewirrs stand ein mächtiger Ohrenfauteuil, in dem saß eine Dame mittleren Alters. Ein dunkelblaues, silbern durchwirktes, langes und fließendes Gewand war um ihre Schultern drapiert. Ihre Frisur wirkte wie Schlangen, die sich um ihr Haupt wanden, und ihre Finger endeten in langen, glänzend grünen Fingernägeln, die wirkten, als wären sie geschliffene Smaragde. »Komm ruhig näher, ich habe schon auf dich gewartet!«, sprach sie mit wohlklingender Stimme.

»Sind Sie die Zauberin Rosenherz, von der das Buch geschrieben hat?« Während Grete das aussprach, wurde ihr bewusst, wie merkwürdig das alles war: ein Buch, das schrieb, eine Zauberin, die auf sie gewartet hatte, ganz zu schweigen von der merkwürdigen Einrichtung. Gerade schwang sich eine der Pflanzenranken zum Tisch vor der Zauberin und goss aus einer silbernen Kanne heißen Tee in die Tasse, die sie in der Hand hielt, bereit zu trinken.

»Ganz recht, ich bin Rosenherz«, antwortete sie, als wäre es das Gewöhnlichste der Welt. »Du kannst mir vertrauen, ich will dir nichts Böses. Es hat nur schon so lange kein Kind mehr in dem Buch gelesen, deshalb sitze ich hier tagaus, tagein allein und langweile mich.«

»Sitzen Sie denn immer hier in diesem Zimmer? Gehen Sie nie durchs Schloss oder nach draußen?«, fragte Grete verwundert.

»Ach, das würde ich ja gern, aber wenn niemand meine Geschichte aus dem Buch herausliest, kann ich nur hier sitzen und warten. Wenn aber ein Kind neugierig ist und im Buch blättert, dann wird hier alles lebendig und ich kann meine Zauberkünste wieder ausüben. Du hast das Buch doch hoffentlich mitgebracht?«

Grete nickte und zeigte die Tasche. Doch vor dem Weiterblättern brauchte sie Antworten: »Warum sind die Räume, durch die ich geschritten bin, so leer und warum gibt es hier, außer der Dienerschaft, keine Lebewesen?«

»Mein liebes Kind, ich bin froh, dass du das fragst,

denn sobald du das Buch öffnest, können sich die Seiten mit Erzählungen füllen und alles wird belebt. Was immer du dir vorstellen kannst, wirst du dann im Schloss finden. Und wenn du in den Garten möchtest, komme ich sehr gerne mit dir, ich sehne mich nach dem frischen Grün. Lass das Buch nur schreiben.«

War das aufregend! Wenn sie es richtig verstanden hatte, konnte sich Grete eine Welt der Wunder im und um das Schloss herum herbeizaubern, sie musste es nur aus dem Buch herauslesen! Rasch zog sie es aus der Tasche. Es schien ihr gar nicht mehr so unansehnlich, vielmehr geheimnisvoll. »Kann ich es einfach irgendwo aufschlagen oder soll es Seite für Seite gelesen werden?«, fragte sie sicherheitshalber.

»Beides ist möglich. Wenn du Seite für Seite liest, dann beginnen wir beim Eingang zum Schlosspark, wenn du irgendwo beginnst, dann können wir es uns aussuchen.«

»Ach, ich möchte so gern in den Park, kommst du mit mir?« Grete bemerkte gar nicht, dass sie ins vertraute Du gewechselt hatte. »Sehr gern, schlag nur schnell das Buch auf, dann sind wir gleich dort.«

Grete konnte es ohnedies nicht erwarten, an den Garten denkend klappte sie das Buch auf. *Der Park liegt rund um das Schloss* … Ehe sie es sich versah, waren sie und die Zauberin schon dort und bewunderten das Licht, das kurz vor Sonnenuntergang die Bäume und Blumen mit goldenem Schimmer überzog. *In einem Seerosenteich schwimmen bunte Fische um die Wette, die Wege sind gesäumt von vielfarbigen*

Rosensorten, eine stärker duftend als die andere … Zeile um Zeile entstand ein paradiesischer Garten rings um das Schloss.

Rosenherz freute sich sehr, zu lange hatte sie einen derartigen Anblick entbehren müssen. Das Licht des Abends erinnerte Grete daran, dass es an der Zeit war, etwas zu essen. Sie las in dem Buch und schon stand vor ihnen ein üppig gedeckter Tisch mit allerlei köstlich verlockenden Speisen. Rundum standen Stühle. Tischgesellen wären willkommen, dachte Grete und las sogleich welche herbei. Die Zauberin klatschte in die Hände, endlich war wieder etwas los in ihrem Reich! Huldvoll begrüßte sie ihre Gäste: Da saß der Hase aus Alice im Wunderland neben dem Rotkäppchen, der gestiefelte Kater unterhielt sich angeregt mit dem tapferen Schneiderlein und am Kopfende saß Dornröschen, händchenhaltend mit dem Prinzen. Schnell mussten weitere acht Stühle her, denn Schneewittchen und die sieben Zwerge waren im Anmarsch. Frau Holle hatte es sich unter einem Holunderstrauch gemütlich gemacht. Sie flickte gerade ein paar Bettüberzüge und winkte Grete freundlich zu.

Die um ihre Einzigartigkeit besorgte Stiefmutter versteckte sich hinter einem Baum und beäugte argwöhnisch das Geschehen. Doch der Zauberspiegel hinter ihr zeigte lachend ihre Kehrseite und rief: »Frau Königin, hier seid Ihr ganz fehl am Platz, besser, Ihr kehrt zurück zu Eurem Gemahl, sonst wird es Euch schlecht ergehen!« Grete musste lauthals lachen, das geschah ihr recht, der eifersüchtigen Königin.

Neben einem sprudelnden Springbrunnen mühte sich Goldmarie, ihrer Schwester das Pech abzuwaschen, was aber kaum gelang. Die war verzweifelt und schwor, nie mehr so faul und immer freundlich zu ihrer vergoldeten Schwester zu sein. Da hob Rosenherz einen der Stäbe, den sie aus der Vase im Zimmer mitgenommen hatte. Ein Funke zischte hinüber zu der Armseligen, woraufhin das Pech wie Wasser an ihr herunterfloss. »Achte darauf, dein Versprechen einzuhalten, sonst kommt das Pech wieder und holt dich ein!«, riet ihr die Zauberin. Sie kannte ihre Pappenheimer und -innen, es war viel einfacher, ins so oft erzählte Verhalten zurückzufallen, als sich wirklich zu verändern.

Grete reichte es langsam, sie wollte nicht noch mehr böse Stiefmütter, eifersüchtige Königinnen oder womöglich den alle fressenden Wolf herbeilesen. »Liebe Rosenherz, ich glaube, ich muss doch wieder nach Hause, sonst sorgen sich meine Eltern. Kannst du mir vielleicht einen Zauber für meine Schwester mitgeben, damit sie freundlich zu mir ist, auch wenn sie nicht gerade einen Notdienst von mir erbetteln will?«

Rosenherz musste lachen. »Meine Zauber wirken leider nur hier, aber du kannst ihr ja dein Buch leihen, vielleicht liest sie darinnen etwas, das sie nachdenklich werden lässt und damit freundlicher. Wenn sie noch nicht ganz vergessen hat, dass sie auch einmal ein staunendes Kind war, könnte es gelingen. Und wir hätten dann ein wenig Abwechslung, ihre Geschichten sehen sicher anders aus als deine. Nun aber lass es dir schmecken, bevor es dunkel wird und es Zeit ist, schlafen zu gehen.«

Das war Gretes Stichwort: »Wenn ich hier im Schloss im Himmelbett einschlafe, wache ich dann am Morgen zu Hause, in meinem eigenen Bett wieder auf? So schön es bei dir ist, ich möchte Papa und Mama wieder umarmen können und vor allem meinen Freundinnen erzählen, wie schön es bei dir ist.«

»Das verstehe ich, selbstverständlich will ich dich nicht hier festhalten. Und keine Sorge, am Morgen wirst du wieder in deinem eigenen Bett liegen. Aber ich hoffe, du blätterst bald wieder im Buch und kommst mich besuchen? Denn wenn du uns nicht vergisst, dann bleibt es hier lebendig und ich kann viel Schönes und Hilfreiches zaubern.«

Das versprach Grete, sie freute sich sehr, mehr vom Zauberland zu entdecken. Mit diesem Gedanken ließ sie sich den köstlichen Kuchen schmecken, dann las sie sich zurück ins Himmelbett. Als sie am nächsten Morgen erwachte, lag sie in ihrem eigenen Bett und hielt das Buch fest in der Hand. Ihre Puppen begrüßten sie und tuschelten, denn von den Kuscheltieren hatten sie bereits von Gretes Ausflug ins Zauberland erfahren. Sie waren heute besonders freundlich, hofften sie doch, beim nächsten Mal ins Buch mitgenommen zu werden.

Der Reiche

Reich wird man erst durch
Dinge, die man nicht begehrt.

Mahatma Gandhi

In einem gar nicht so fernen Land lebte einst ein reicher Mann. Er wohnte in einem großen Haus, umgeben von Äckern und Wäldern, die alle in seinem Besitz waren. Sein Haus hätte auch prächtig sein können, doch legte der Mann darauf keinen Wert, schließlich hätte sonst irgendein Dahergelaufener auf die Idee kommen können, bei ihm wäre etwas zu holen. Denn davor, beraubt zu werden, fürchtete sich der Mann sehr. Von den Truhen voller Gold, die er im Keller aufbewahrte, durfte niemand was ahnen. Mehrmals am Tag ging er hinunter, um nachzuschauen, ob noch alles da wäre. Oft hatte er einen Beutel dabei, mit noch mehr Gold, den leerte er dann in eine der Truhen. Wenn alle voll waren, stellte er eine weitere auf, die er aufs Neue anzufüllen sich anschickte.

So war der reiche Mann den ganzen Tag damit beschäftigt, Geld einzunehmen und seine Schätze zu vermehren. Er hatte nicht viel anderes zu tun, er lebte allein, war kinderlos und Freunde wollte er keine. Die hätten ihn doch nur um sein Gold angebettelt, und wenn er einem etwas gegeben hätte, wären andere angestanden und er hätte alles wieder hergeben müssen. Hätte er es dann verweigert, hätten sie alle auf ihn geschimpft, also zog er es vor, für sich zu bleiben. Weil er es ohnedies keinem recht machen konnte, behielt er alles bei sich in seiner Goldkammer.

Seine Felder und Wälder wurden von Knechten und Mägden bestellt, sie fanden Obdach weit entfernt von seinem Haus, in Hütten am Rande seiner Ländereien. So brauchte er sich auch mit denen nicht abzugeben. Nur für eine reiche Ernte sollten sie sorgen, anderes kümmerte ihn nicht. Sie ernährten sich von dem, was nach dem Verkauf von der Ernte übrigblieb. Einmal im Jahr ließ der Mann jedem von ihnen ein paar Kupferstücke auszahlen, damit ihm niemand nachsagen konnte, er würde sein Gesinde nicht entlohnen. Weil er sich nur um sein Gold kümmerte, aber nie um das Land, dem er es verdankte, konnten seine Leute unbemerkt kleine Gärten nahe ihrer Hütten anlegen. Dort gedieh allerlei Gemüse, so wurde ihr Essen abwechslungsreicher und schmackhafter. Hinter den Hütten, auf der Seite, die der reiche Mann von seinem Haus aus nicht einsehen konnte, verbarg sich ein Hühnerstall. So waren sie versorgt mit Eiern und ab und an auch einem Hühnchen, das als Braten für fröhliche Feierlaune sorgte. Die Mägde und Knechte waren damit zufrieden, niemand gab ihnen Befehle, sie hungerten nicht und konnten auch sonst treiben, wozu sie

Lust hatten, solange die Ernte nur gut ausfiel. Deshalb sorgten sie auch gern dafür.

Die Einzige, die der reiche Mann in seinem Haus duldete, war die Köchin, denn hungern wollte er nicht. Wohl wäre es bis an das Lebensende des reichen Mannes so weitergegangen und vielleicht hätte er sich auch nie gefragt, was mit all dem Gold geschehen sollte, nachdem der Gevatter ihn geholt hatte. Doch eines Abends klopfte es an der Tür. Als die Köchin öffnete, stand da ein Hutzelweiblein, so klein, dass es gut unter den weiten Rock der Köchin gepasst hätte.

»Bin so lang gegangen, bin müde«, sagte das Weiblein. »Hast eine Liegestatt für mich?«

Die Köchin merkte, dass es schon sehr schwach war. Sie war eine gute Seele und wollte dem Weiblein gern helfen. Sie selbst hatte eine Kammer in einem Anbau gleich neben der Küche. Daneben war ein Schuppen, in dem das, was sie zum Kochen benötigte, eingelagert war. Da richtete sie ein Lager und brachte der Kleinen eine Suppe, ein Stück Brot und frisches Wasser von der Quelle gleich hinterm Haus. Auch dieses Wasser gehörte dem reichen Mann, aber Wasser, das immer floss, konnte man schlecht zählen, es würde ihm schon nicht auffallen, wenn ein Krug davon fehlte, dachte sich die Köchin. Das Hutzelweiblein dankte für die Suppe und das erquickende Nass, danach schlief es gleich ein, war es doch schon finster und Zeit zu schlafen.

Nur der reiche Mann konnte keine Ruhe finden, wie jeden Abend ging er noch mal in seinen Goldkeller, um sicherzugehen, dass in den Truhen nichts fehlte. Danach überprüfte er alle Schlösser – die der Truhen, aber auch die der Türen auf dem Weg in den Keller. Niemand außer ihm hatte diesen je betreten, aber es hätte ja sein können, dass sich jemand eingeschlichen hatte.

Alles war auf seinem Platz, alle Truhen waren gut gefüllt, alle Türen verschlossen. Doch innerlich blieb er voll Unruhe. Erneut öffnete er alle Schlösser, alle Truhen, verschloss sie wieder und danach alle Türen. Erschöpft ging er zu Bett, doch der Schlaf wollte nicht kommen. Unruhig wälzte er sich hin und her, das Gold im Keller und die Gedanken daran, was alles passieren könnte in der Zeit, die er nicht darüber wachen konnte, ließen ihn nicht zur Ruhe kommen. So ging es ihm nicht nur an diesem Abend, auch alle Tage davor war es ihm so ergangen. Mit jeder Truhe, die er füllte, wuchs seine Unrast. Erst wenn er ganz und gar erschöpft war, versank er in unruhigen Schlaf und erwachte morgens schweißgebadet.

Das Hutzelweiblein aber hatte vor, eine ganze Weile zu bleiben. Die Köchin war froh, ein bisschen Ansprache zu haben, das Weiblein half auch gern beim Kochen und anderen Arbeiten, die im Hause so anstanden. Nur wenn sich der Mann zu Tisch setzte, brachte ihm die Köchin allein sein Mahl, er sollte ja nicht wissen, dass er einen ungeladenen Gast hatte. Sie dachte sich nichts Böses dabei, das Weiblein fiel ihm ja nicht zur Last, also konnte es auch bleiben.

Sie kochte gut und abwechslungsreich, doch der

reiche Mann konnte das Mahl nicht genießen. Immer schlang er es bloß hastig hinunter, dann eilte er wieder in seine Schatzkammer, um alles abermals zu kontrollieren. Nur wenn der Tag kam, an dem er die Ernte gegen harte Münzen eintauschte, unterbrach er diese täglich gleiche Beschäftigung. Dann feilschte er um jede Münze, sein Säckel sollte möglichst voll werden. Danach lief er umso besorgter wieder in den Keller. Sobald er die gefüllten Truhen sah, beruhigte sich sein Herz ein wenig, doch kaum hatte er alle Türen wieder hinter sich geschlossen, stieg die Unruhe erneut in ihm auf, sodass er bald wieder hinunterstieg.

Immer rastloser und unzufriedener wurde er. Es dauerte nicht lange, da wurde er krank. Bald fehlte ihm die Kraft, wiederholte Male in den Keller hinabzusteigen. Mehr als einmal am Tag schaffte er es nicht, schließlich konnte er das Bett gar nicht mehr verlassen. Als er so dalag, voller Verzweiflung, ängstlich um sein Hab und Gut besorgt, begann er doch darüber nachzudenken, wozu sein Reichtum eigentlich nütze war. Er hatte sich nie etwas darum gekauft, denn alles, was er zum Leben brauchte, wuchs auf seinen Ländereien. Und einer, der sein Haus nie verließ, was hatte der schon an Kleidung nötig? Er kannte niemanden, dem er etwas hätte schenken wollen, er brauchte kein Fuhrwerk und kein Pferd, denn selbst zur Kirche ging er nicht – es hätte ja jemand den günstigen Augenblick nutzen und seine Truhen ausrauben können. Vor seinem inneren Auge sah er sein Rennen und Kontrollieren, seine Angst schnürte ihm den Atem ab, zog sich in der Brust zusammen, zugleich breitete sich eine große Leere aus. Wozu war das alles nütze gewesen, wofür hatte er all den Reichtum angehäuft, was sollte er anfangen mit all dem Gold? Keine Antwort kam ihm in den Sinn und Unglück breitete sich in ihm aus wie die Krankheit, die seinen geschwächten Körper bereits darnieder geworfen hatte.

Als er so dalag in seinem Elend, öffnete sich die Tür zu seinem Zimmer. Das Hutzelweiblein schritt hindurch und auf ihn zu, in der Hand eine Tasse voll Brühe. »Trink's, bis auf den letzten Schluck. Dann wird's dir besser gehen.«

Er war zu schwach, um sich zu wundern. Löffel für Löffel flößte ihm das Weiblein ein, bis auch nicht ein einziger mehr aus der Tasse herauszuholen war. Langsam spürte er die Lebenskraft zurückkehren. Jetzt erst bemerkte er das Weiblein, dessen Kopf nicht über die Bettkante gereicht hätte, wäre da nicht der Schemel gewesen, auf dem es stand. »Wie kommst du denn hierher?«, fragte er irritiert, aber noch zu schwach, um sich aufzuregen.

»Ich wart schon so lang, dass du endlich zur Besinnung kommst. Bin schon vor langer Zeit hier angekommen, damit ich da bin, wenn's so weit ist.«

Welch seltsame Antwort! Er kannte diese winzige Frau gar nicht, aber sie hatte drauf gewartet, ihn so anzutreffen? »Es wird Zeit, dass d' dein Gold auslässt und damit die Welt ein Stückchen besser machst«, fuhr sie fort, ohne seine Verwirrung zu beachten. »Es gibt so viele Menschen, die haben noch nie auch nur ein Goldstückchen gesehen. Von einem deiner Taler könnt eine ganze Familie ernährt werden und du hortest sie und fängst doch nichts damit an.«

Da hatte es wohl recht, das seltsame Weiblein. Er konnte ja doch nichts mitnehmen von all seinen Talern und keiner würde ihm nachweinen, weil er auch keinen Eindruck hinterlassen hatte. Die Erkenntnis über sein Elend lief in dicken Tränenbächen über seine Wangen. Das Weiblein hielt die Suppentasse darunter und fing sie alle auf.

»Deine Taler sind wie diese Tränen. Im Becher nutzen sie keinem.« Nur solange sie fließen, haben sie eine Wirkung, so wie zuvor die Brühe. Wäre sie in der Tasse geblieben, wäre auch sie zu nichts gut gewesen. Aber weil du sie Löffel für Löffel geschluckt hast, konnte sie dich stärken. Wenn dein Gold fließt, dann können alle daran teilhaben. Solange es von einer Hand in die andere geht, ernährt es Menschen, es wärmt und schützt sie. Kinder können spielen und lernen, Feste können gefeiert werden, es kann gemeinsam gesungen und gelacht werden. Leere deine Truhen aus, so wie ich jetzt den Becher, lass andere teilhaben an deinem Reichtum!«

Sie ließ das Tränenwasser in seine Hand fließen. Ihre Worte klangen in seinen Ohren und verbanden sich ganz sachte zu einer Melodie, die ihn in einen Schlaf gleiten ließ, so erquicklich, wie er ihn schon lange nicht mehr erfahren hatte. Daraus erwacht, war er voll Tatendrang. Er rief sein Gesinde herbei und ließ alle Truhen aus dem Keller holen. Jede und jeder seiner Mägde und Knechte sollte sich einige Taler für sich herausnehmen und ebenso viele an andere weitergeben. Bald war das Gold im ganzen Land verteilt und wanderte von einem zur anderen, sodass alle zu dem ihren kamen.

Das Hutzelweiblein aber war verschwunden und kam auch nicht mehr wieder.

Wie aus einem Ende ein Unglück und schließlich doch das Paradies wurde

Wenn auf der Erde die Liebe herrschte, wären alle Gesetze entbehrlich.

Aristoteles

Es war einmal ein trauriges Elend. Es hatte zu viel Leid erlebt, zu viele Tränen getrocknet, nur um sie erneut fließen zu sehen, zu viel Hoffnungslosigkeit ins Auge geblickt. Darüber war es selbst unstillbar betrübt geworden. Nur mehr mit Mühe gelang es ihm, sich derer anzunehmen, die den Verlust ihrer Liebsten nicht überwinden konnten, die nicht mehr wussten, wie sie ihre Kinder ernähren sollten, oder die dem Krieg nicht entfliehen konnten.

Das Elend stand auf einem Minenfeld neben Menschen, die unter Trümmern begraben lagen. Es sah andere, die ihr Leben noch nicht zu Ende gehaucht hatten, gleichzeitig zu schwach, es zu retten. Am liebsten wäre das Elend in sich selbst versunken und nie wieder aufgetaucht. Doch es war unvergänglich.

Einst war es ein anderes gewesen, nur als *End* bekannt. Meist war es ein gutes, es fand Auswege, brachte Menschen zusammen, die in neuer Gemeinschaft ihr Glück fanden. Vor allem aber sorgte es für einen Abschluss des Vergangenen. Abgelöst wurde es danach von der Erinnerung, die mal freudig, mal melancholisch war, doch jedenfalls hatten alle Beteiligten die Vergangenheit hinter sich gelassen und als Erfahrung abgelegt. Nachdem eine angemessene Zeit verstrichen war, lachten die meisten über das, was sie als Unglück empfunden hatten, vor allem miteinander. Mancher Verlust blieb zwar schmerzhaft wie ein eingewachsener Pfeil, doch das Leben machte neue Wendungen, brachte Freude und Leid im erträglichen Wechsel. Und immer stand das *End* dann bereit, um einen Schluss zu machen.

Doch über die Jahre und Jahrhunderte wurde es der Begehrlichkeiten und der folgenden Streitigkeiten müde, so müde, dass es sich abstützen musste. Dafür fand es zwei Krücken, ein e und ein l. Auf sein E konnte es sich stützen, das l diente ihm als Stock. Das neue e verband alle, bald waren sie untrennbar aneinandergewachsen und so war es ein *Elend* geworden. Da mochte es keiner mehr, wer konnte, machte einen großen Bogen um das krückengestützte *End* und warnte andere, es zu meiden. Vielen gelang das nicht, ob aus Einfalt oder weil sie den Warnenden nicht glauben wollten, war ohne Belang, denn sie steckten im *Elend* und wussten nicht, wie sie ihm entkommen sollten.

Doch eines Tages kam einer dahergelaufen, der hatte so viel Freude im Leib, dass ihm selbst das *Elend* gefiel. Er machte sich einen Spaß daraus, die Tränen zu sammeln, die es hervorgebracht hatte. Erst in eine Büchse, dann in einen großen Sack, den er schulterte und einen Berg hinauftrug. Oben angekommen schüttete er die Tränen aus, die sich wie ein Wasserfall ins Tal ergossen. Über diesen Anblick vergaßen die Menschen ihr Leid. Da blickte auch das Elend auf, warf seinen Stock dem Tränenfluss nach, ordnete seine Einzelteile und stand verklärt da, denn es war zu *Eden* geworden.

Allen Schmerz und Kummer hatten die zuvor Elenden vergessen, denn endlich war ihr Ziel wieder der Ort, den ihre Urmutter und ihr Urvater einst hatten verlassen müssen. Hier floss das Wasser, das als Tränenfall herabgestürzt war, als glitzernder Fluss gemächlich dahin. Alle, die sie geliebt und verloren hatten, waren versammelt und begrüßten sie wie lang vermisste Heimkehrende. Vögel sangen heilende Melodien, um die Wunden der Verletzten zu schließen, die prächtigsten Blüten öffneten sich dem strahlenden Licht, das hier alles erhellte, und die schmackhaftesten Früchte fielen den Menschen ganz von selbst in den Mund. Hier gab es keinen Hunger, keine Kälte und keinen Mangel. Niemand brauchte anderen etwas neiden, deshalb verdarb auch kein Streit die Zufriedenheit der im unvergänglichen Glück angelangten Menschenseelen.

Der Freudvolle aber lief zurück in die Welt, um allen zu verkünden, wie schön das Leben sein konnte, wenn Neid und Streit ein Ende hatten.

Die Seelenboote

Die Natur hat den Tieren so viel Einsicht gegeben, dass sie nicht nur ihren eigenen Vorteil kennen, sondern auch den Nachteil des Feindes.

Leonardo da Vinci

Es war einmal ein gelber Fluss. Diesen entlang drängte sich ein Boot neben das andere. Auf jedem brannte ein Licht und wenn es dunkel wurde, schlängelte sich diese Lichterkette durch die karge und steinige Landschaft. Eine Ebene dehnte sich aus auf der einen Seite des Flusses, bis sie eine Bergkette erreichte, so hoch, dass sie an den Wolken kratzte. Das andere Ufer war sandig, weitgestreckte Dünen trennten es von der trockenen Hügelkette, die schier endlos weiterführte, auf und ab, wie die Wellen des Flusses, wenn der Wind sie vor sich hertrieb.

Auf einem der Boote saß ein Wächter. Seine Aufgabe war es, dafür zu sorgen, dass die Lichter immer brannten. Wenn trotz all seiner Sorge doch eines erlosch, wusste er, ein Mensch hinter den Bergen oder hinter den Hügeln hatte sein Leben ausgehaucht. Dann schickte er das Boot ohne Licht auf die Reise. Es brachte die Seele bis zur Mündung des gelben Flusses, der sich ins Weltenmeer ergoss. Dort fand sie Ruhe, bis sie an anderer Stelle angeschwemmt wurde, sich mit dem Sand des Ufers verband und sich zu einem neuen Menschenwesen formte. Doch noch war es nur das Abbild eines möglichen Lebens. Wenn es einem Mann und einer Frau gefiel, bereiteten sie eine Kinderstube, in der die Seele wachsen und gedeihen konnte, bis sie ihrem sandigen Ebenbild ähnelte. Denn vieles, was in der Welt der Menschen geschah, formte den Körpermantel, der die Seele umgab. So ähnelten nur wenige ihrem Ursprungskörper so, dass man ihn wiedererkennen konnte. Viele mehr hatten sich hingegen weit entfernt von diesem ersten Traumbild, manche waren gar deformiert, gekrümmt, verbogen. Manche waren aufgebläht und drohten, andere Seelenbilder zu verschlingen. Wieder andere hatten sich mit weiteren verkeilt, konnten nicht mehr auseinander und wollten doch nicht zusammenbleiben.

All diese verschiedenen Erscheinungsformen fanden ihre Entsprechung auf den Booten des gelben Flusses. Der plätscherte nachtein, tagaus vor sich hin und schlug mit kleinen Wellen an die vertäuten Boote. Die schwankten hin und her und auf und ab, drifteten auseinander und krachten auch gelegentlich aufeinander, grad so wie die Menschen, deren Seelen dereinst erneut auf die Reise ins Weltenmeer gehen würden.

Außer dem Wächter gab es nur die Boote. Keine Tiere, keine Pflanzen und schon gar keine Menschen. Nur die Seelen kannten diesen Ort. Sie brauchten weder Nahrung noch Wasser und auch keine Unterhaltung. Hier war die Zeit der Besinnung angebrochen, die Pause, in der das in Menschengestalt Erfahrene überdacht werden konnte. War das Boot dann unterwegs, inmitten des Weltenmeeres, erreichte es eine Insel. Jede Seele konnte hier ihre Erfahrungen und daraus gezogene Schlüsse archivieren. Sie wurden kategorisiert, bearbeitet, mit Kommentaren versehen. Anderen vorbeifahrenden Seelen wurde Einblick gewährt, so konnte jede aus dem gesamten Erfahrungsschatz zehren und für sich Themen auswählen, mit denen sie sich im kommenden Leben beschäftigen wollte. In der Mitte der Insel stand ein Turm, der Turm der Weisheit. Hier wurde alles verwahrt, was bereits ausreichend erprobt worden war.

Je näher eine wandernde Seele diesem Turm kam, desto weiser wurde auch sie. Sie wusste, dass sie ein Leben vor sich haben würde, in dem sie mehr betrachtend als gestaltend sein würde. Die Leben, in denen sich der Mensch, den sie belebte, empörte, sich verletzte, sich mit anderen verkeilte, die hatte diese Seele hinter sich gelassen. Nur mehr wenige Reisen hatte sie vor sich, und in den noch anstehenden Leben würde sie beobachten, mancher der anderen Rat geben, konnte genießen und dafür sorgen, dass auch die Freude sich in der Welt heimisch fühlte, um den Menschen das Leben leichter werden zu lassen.

Ob die Seele noch viel zu erproben und zu lernen hatte, erkannte der Wächter an den Booten. Da gab es einige recht pompöse, mit allerlei Tand behängt, die besonders auffielen. Das Licht darauf aber war noch sehr klein und flackerte bei jeder größeren Welle mit. Das Boot einer weisen Seele hingegen war unscheinbar, kaum hob es sich ab vom Flusslauf, doch das Licht darauf war kräftig und strahlend.

Auf jedem der Boote fand sich ein Buch, auf den üppig geschmückten war es meist recht dünn und wirkte zerzaust, auf den unscheinbaren dick und solide gebunden. In diesen Büchern waren alle Leben aufgezeichnet, die die Seelen durchlebt hatten, auch die Teile, an denen sie kaum mehr Anteil gehabt hatten. Denn wenn ihr die Ausschweifungen und Eskapaden des Menschen, dessen Körper sie durch die Welt bewegte, zu anstrengend wurden, zog sich die Seele zurück. Dann wartete sie – oder zumindest Teile von ihr – auf dem Boot, bis der Mensch wieder zu sich kam, oder, wenn gar nichts mehr half, bis das Licht erloschen war.

Auf einem dieser Boote schien das Licht sehr unregelmäßig. Mal kräftig und hell, in einer anderen Nacht hingegen flackernd und beinahe verlöschend. Diese Seele belebte einen Mädchenkörper. Das Kind war von den Eltern nicht gewollt gewesen und spürte tagtäglich, dass es ihnen nur eine Last war. Es gab aber auch gute Tage, wenn die Eltern fort waren und das Mädchen ganz allein für sich sorgte. An diesen strahlte das Licht auf dem Boot hell und freundlich. Auf der Wiese neben dem Haus der Eltern graste eine Ziege. Das Mädchen liebte das Tier inniglich, ihr konnte es seinen Kummer erzählen. So war die Einsamkeit weniger bedrückend und die Milch der Ziege war das Beste, was das Kind als Nahrung hatte. Denn die Mutter fand oft genug einen Grund, ihm als Strafe das Essen zu verwehren und es hungrig auf sein Strohlager zu schicken. Dort stupste es dann die Ziege und weil die Mutter ihm keine Beachtung schenkte, konnte es seinen Hunger an den Zitzen der Ziege stillen.

Über die Jahre wuchs das Mädchen zu einer klugen jungen Frau heran. An den Tagen, an denen sie allein war, erkundete sie ihre Umgebung. Gemeinsam mit ihrer Freundin, der Ziege, wanderte sie über die Felder ins nächste Dorf, dort traf sie Menschen, die ihr freundlich begegneten. Vor allem eine der Frauen, die mit ihren Spinnrocken vor ihren Häusern standen, freute sich, mit dem Mädchen plaudern zu können. Hilfe im Haushalt konnte sie auch gebrauchen, gleichzeitig erlernte das Mädchen so einiges Nützliches und manch Weises von ihr. Von den Eltern hatte es, außer Schlägen und Schimpfworten, nichts mitbekommen. Deshalb war es begierig, etwas über die Welt, was in ihr gedieh und was sie zusammenhielt, zu erfahren. Vor allem darüber, wie Menschen miteinander umgehen sollten, hörte die junge Frau, die nur Ungeduld und Ärger über sich und ihre bloße Existenz kennengelernt hatte, völlig Neues. Es dauerte nicht lange, da blieb sie ganz weg vom Haus ihrer Eltern und lebte fortan bei der Spinnerin. Die Ziege hatte sie begleitet und sorgte weiterhin für den wohltuenden Schluck Milch. Auch ein Bock fand zu ihr, mit dem sie eine Familie gründete. Den Eltern fiel es wohl gar nicht auf, dass ihre Tochter fortgegangen war, vielleicht waren sie sogar froh, das Balg – wie sie die Tochter genannt hatten – endlich losgeworden zu sein.

Damals begann das Licht des Bootes der jungen Frau dauerhaft und kräftig zu strahlen. Und je mehr sie lernte, desto dicker wurde das Buch, in dem ihre Lebensgeschichte aufgezeichnet wurde. Neben ihrem Seelenboot schwankte ein schlankes, aber großes Boot. Es war zwar nicht sehr geschmückt wie die anderen seiner Maße, dennoch hob es sich deutlich von dem kleinen der Seele des mittlerweile erwachsenen Mädchens ab. Ab und an näherte sich das große dem kleinen Boot und wenn sie sich dabei wirklich nahe kamen, leuchteten die beiden Lichter besonders hell.

Zu dieser Zeit zog ein junger Mann von Dorf zu Dorf, von Stadt zu Stadt, um sein künftiges Reich und seine Bewohnerinnen und Bewohner kennenzulernen. Er war auserwählt, das Land zu regieren, in dem auch das Dorf der Spinnerinnen lag. Für die Ankunft des hohen Gastes waren alle Häuser geschmückt worden, in jedem Haus wurde gebacken, der Bürgermeister schlachtete ein Schwein und die Kinder wurden in den Wald geschickt, die schönsten Beeren zu sammeln. Es sollte ein Fest stattfinden, wie es der Ort noch nie gesehen hatte. Auch ein Markt mit allem, was das Dorf bieten konnte, war Teil der zur Schau gestellten Pracht. Die Spinnerinnen legten ihr feinstes Garn aus, die kostbarsten Webstücke wurden ausgebreitet, Töpferwaren und Schmiedearbeiten zeugten von der dörflichen Kunstfertigkeit. Die Menschen des Dorfes waren stolz auf den Reichtum ihrer Erzeugnisse, auch dass die Festtafel mit den Köstlichkeiten, die aus den Früchten von Feld und Wald gefertigt waren, überquoll, stimmte sie zufrieden.

Endlich brach der Tag des Festes an, alle rannten geschäftig umher oder standen erwartungsvoll an ihren Marktständen. Auch die junge Frau, die in dem Dorf Zuwendung und eine Aufgabe gefunden hatte, hatte ihre feinsten Webstücke bereitgelegt. Die Kunst des Fadendrehens hatte sie bei der Spinnerin erlernt. Aus den Wollknäueln wusste sie wunderschöne Decken und Tücher zu weben. Die waren im Dorf und über dessen Grenzen hinaus sehr begehrt.

Die Kinder waren herausgeputzt, sie sollten den Gast und seinen Begleittrupp mit einem Lied empfangen. Als endlich alle voller Erwartung bereitstanden, kam ein Männlein zum Tor des Dorfes herein. Klein und wie verschrumpelt sah es aus und schritt den Weg ins Dorf entlang. Das konnte doch nicht der mit Spannung erwartete Gast sein – und wenn, wo wäre seine Entourage geblieben? Und sollte er wirklich zu Fuß, ohne Pferd oder Kutsche, angereist sein?

Das Männlein sah die enttäuschten Gesichter und sprach: »Ihr braven Leut', ich bin nicht der, den ihr erwartet. Vielmehr ist mein Gebieter, euer künftiger Landesfürst, in einen Hinterhalt geraten. Einzig ich, wohl weil ich so klein bin, konnte dem Gesindel entkommen. Mein Herr und sein Gefolge mit ihren Pferden aber blieben in den Fängen der finsteren Gesellen, die unseren Tross überwältigten. Nun brauche ich eure Hilfe, meinen und euren Herrn zu befreien.«

Die beiden Seelenboote waren zu diesem Zeitpunkt weit auseinandergedriftet, wobei das Licht des großen nur mehr ein schwaches Glimmen war, das des kleineren aber flackerte aufgeregt.

Der Bürgermeister trat hervor. Er hatte zwar keine Ahnung, was zu tun wäre, musste aber seiner Würde entsprechend zeigen, dass er und sein Dorf jederzeit alles Nötige unternehmen würden, ihren Gast zu befreien. »Wir sind alle bereit«, sprach er, ohne die mit *wir* Gemeinten gefragt zu haben. Schließlich vertrat er das ganze Dorf, da galt sein Wort. »Sagt nur, was wir tun sollen, und schon wird es erledigt sein.«

Die Frauen und Männer rund um ihn, die für das Fest gerüstet waren, warfen sich rätselnde Blicke zu und begannen aufgeregt zu tuscheln. Als alle wie aufgescheuchte Hühner herumzulaufen begannen, fing erneut der winzige Mann zu sprechen an, und augenblicklich waren alle ruhig. So klein von Wuchs er war, ging eine umso größere Macht von ihm aus.

»Es ist zu erwarten, dass die Räuber ein Lösegeld einfordern. Es wird eine Abordnung brauchen, die mit der Botschaft zum Hof des Geraubten fährt und mit dem Lösegeld zurückkehrt, um meinen Herrn auszulösen. Habt ihr ein Gespann und einen tüchtigen Kutscher, der diese Aufgabe übernehmen kann?«

Noch während er sprach, landete eine Taube auf seinem Kopf. Der Kleine griff nach der fliegenden Botin und zog ein kleines gerolltes Papier von ihrem

Bein. Es war eine krakelige Schrift, mit der nichts außer einer Zahl darauf geschrieben war. Der Kleine nickte mit ernster Miene, die Summe überraschte ihn nicht. Auf die Rückseite schrieb er, was geschehen war, und band die Botschaft wieder der Taube ans Bein. Er sandte sie fort, um die Nachricht vom Überfall und dem Ersuchen, das Lösegeld bereitzustellen, rasch ans Ziel zu bringen.

Die Leute rundum staunten, der Winzling konnte nicht nur bedeutungsvoll sprechen, er war auch des Schreibens kundig und beherrschte den Umgang mit Brieftauben! Der aber scheuchte sie auf: »Nun denn, habt ihr einen Wagen und Kutscher, um das Lösegeld zu holen?« Ein Gefährt stand bereit, ein für den erwarteten Gast geschmückter Festwagen. Doch wer war tüchtig und mutig genug, ihn die weite Strecke zum Herrschaftshof zu lenken? Erneut entstand Unruhe, keiner war erpicht darauf, sich der Gefahr einer solchen Fahrt auszusetzen. Sollte doch der Bürgermeister, der so vorlaut ihre Hilfe versprochen hatte, die Kutsche fahren! Andere wandten ein, dass er viel zu schwergewichtig und auch nicht geschickt genug sei für so eine wichtige Reise.

Dem kleinen Würdenträger dauerte das viel zu lange. Er sah einen kräftigen Burschen, der, während die anderen sich nicht einigen konnten, die Pferde im Zaum hielt. »Du schaust mir so aus, als könntest du mit den Tieren umgehen, willst du den Wagen zur Rettung des Landesherrn fahren?«, fragte er ihn.

Überrascht blickte ihn der Angesprochene an,

noch nie war er mit einer wichtigen Aufgabe betraut worden. »Ja, klar, das mach ich gern!«, erwiderte er stolz. »Recht schönen Dank für Euer Vertrauen.«

»Das also wäre erledigt«, dachte der Kleine. Zwei weitere kräftige Männer forderte er auf, den Burschen zu begleiten. Er selbst wollte auf die Rückkehr der Taube warten, die den Weg zurück zu den Räubern ja kannte, und ihren Flug dann beobachten. Er hoffte, so den Aufenthaltsort der Gefangenen vorzeitig zu entdecken.

Während all des Hin und Her war einiges an Zeit vergangen. Die Frauen standen im Kreis und beratschlagten, was sie tun konnten, woran die kampfbereiten Männer wohl gar nicht dachten. Die junge Frau, die mittlerweile allseits nur *die Weberin* genannt wurde, galt als klug und einfallsreich, auf ihre Überlegungen waren sie besonders gespannt. Sie kannte jeden Winkel des nahen Waldes, all die Tiere, die in ihm wohnten, waren ihre Freunde. Sie schlug vor, diese zu Rate zu ziehen, sie wüssten bestimmt, wo die Räuberbande ihr Versteck habe.

Alle stimmten anerkennend zu. Dass die Weberin sich so viel mit den Tieren abgab, hatten viele von ihnen belächelt, doch nun könnte sich diese Hingabe bezahlt machen. Im Korb, den sie ihr mitgaben, war Wegzehrung für sie, aber auch Nüsse und Körner für die Eichhörnchen und Vögel, einige Früchte für Rehe und ein paar Eier für den Fuchs waren darin – ja sogar diesen Hühnerdieb, der im Dorf sehr unbeliebt war, sollte sie befragen. Vielleicht hatte er den Räubern gelegentlich einen fetten Braten weggeschnappt, dafür sollte er auch belohnt werden. Während also die Männer sich rüsteten für eine weite Reise und sich mit Heugabeln und Äxten bewaffneten, war die Weberin schon unterwegs in den Wald.

Die Seelenboote schwankten inzwischen wieder ein wenig zueinander, das Licht des großen leuchtete jedoch nur mehr schwach und flackernd.

Am Waldesrand wartete ein Eichhörnchen auf die Weberin, die Kunde vom Raubzug hatte sich ganz ohne ihr Zutun bereits im ganzen Tierreich verbreitet. Den Platz der Räuber mit der Hilfe der Tiere des Waldes zu finden sollte also gelingen. Doch wie der junge Fürst von seinen Ketten zu lösen und aus der Höhle, in der die wilden Gesellen ihn verbargen, zu befreien wäre, dazu wussten die Tiere keinen Rat. Einzig die Eule, sie meinte, alle Vögel des Waldes gemeinsam sollten ins Räuberlager einfallen. So könne es wohl gelingen, die Männer zu vertreiben, für einen Angriff der Vögel wären sie wohl nicht gewappnet. Blieben nur noch die Schlösser, die zu öffnen waren. Von den Vögeln erfuhr die Weberin, dass zwei der Raubgesellen den Eingang zur Höhle bewachten, denen galt es die Schlüssel zum Verließ abzunehmen.

Ihnen würde der Schnaps wohl munden, den das Mädchen ebenfalls in ihrem Korb trug – die schlauen Dorffrauen hatten auch daran gedacht. Wenn sie dann vollgetrunken waren und vom Schlaf übermannt, sollte es ein Leichtes sein, ihnen die Schlüssel zu entwenden und damit den Kerker zu öffnen. Die Begleiter des

Fürsten waren wehrhafte und kräftige Männer, sie sollten dafür sorgen, dass der Fürst sicheren Fußes aus der Höhle zurück in die wohltuende Waldluft entkam.

Los flog das Geschwader, alle Vögel des Waldes, große wie kleine, auch solche, die einander üblicherweise nicht freund waren, flogen in die eine Richtung. Vor der Höhle lagerte die Meute, sie feierten bereits den Sieg, erwarteten sie doch eine Truhe voll Geld, die ihnen der junge Fürst und sein Gefolge einbringen sollten. Sie waren sich ihrer Sache so sicher und der Schnaps machte die Runde, das ließ sie recht lustig sein. Jäh wurden sie aus ihrer Feierlaune aufgeschreckt, als eine riesige dunkle Wolke auf sie herabstieß und Hunderte Schnäbel auf sie einhackten. Betrunken, wie sie schon waren, dachten sie, ein Hexenmonster oder ein vielschnäbliger Zauberer gingen auf sie los. Schreiend liefen sie in alle Richtungen davon. Das half ihnen jedoch nicht viel, denn die Wolke dehnte sich und die Schnäbel erreichten sie in den hintersten Winkeln des Waldes und trieben sie vor sich her. Das war zu viel, keinesfalls wollten sie zu ihrem Lagerplatz zurückkehren.

Die Weberin, zu ihrem Schutz begleitet von zwei Wölfen, ihren Korb in der Hand, schlich indessen zum Höhleneingang. Nicht weit davon entfernt lagerten die beiden Wächter. Sie waren missmutig, hatten sie doch nichts vom Feierschnaps abbekommen. Sie würfelten darum, wer den größeren Anteil vom Lösegeld abbekommen sollte und waren in ihr Spiel vertieft, als die junge Frau sich anschlich. Geschützt von der Dunkelheit der nur spärlich von einer Fackel beleuchteten Höhle stellte sie den mitgebrachten Schnaps ab. Lange musste sie nicht warten, Männer wie diese riechen den Branntwein, egal, wie weit er entfernt ist. Auch diesen beiden stieg der Duft des begehrten Getränks in die Nase. Sie meinten, die Gefährten hätten wohl doch Mitleid mit ihnen gehabt und ihnen einen Anteil bereitgestellt. Schnell war der Krug ausgeleert, die Sinne benebelt und die Glieder schwer. Bald schnarchten die beiden tief und fest. Eilig wand die Weberin dem dickeren der beiden den Schlüsselbund vom Gürtel und eilte in die Höhle, die Fackel in der Hand. Die beiden Wölfe bewachten den Eingang – wären die beiden Räuber zu früh erwacht, hätten sie nichts zu lachen gehabt.

Rasch fand die junge Frau die Kerker, aus denen sie die dort festsitzenden Männer befreite. Einer war besonders fein gekleidet, er schien verletzt und nicht ansprechbar und musste von den anderen getragen werden. Für langes Reden war keine Zeit, sie eilten nach draußen – die Wächter schnarchten immer noch tief und fest –, holten ihre Pferde und ritten mit der Weberin durch den Wald zurück in ihr Dorf.

Der kleine Ratgeber riss die Augen weit auf, als er die Reiter nahen sah. Ganz unbemerkt hatten die Frauen für eine Heldentat gesorgt und überdies dem Landesherrn einen Aderlass erspart. Doch dann bemerkte er, dass sein Herr sehr schwach war, das trübte seine anfängliche Begeisterung. Die Frauen aber trugen den Verletzten ins Haus der Spinnerin, wuschen ihn, legten heilsame Kräuter auf die Wunde und wickelten einen Verband darum. Nun sollte er ruhen. Die Wunde war nicht tief, doch hatte er viel Blut verloren und würde wohl einige Tage bleiben müssen, um wieder zu Kräften zu kommen.

Die unverletzt gebliebenen Reiter jagten unterdessen zum Herrschaftssitz, um die frohe Kunde ihrer Rettung dem Landesherrn zu überbringen. Auf halbem Weg erreichten sie den Wagen des jungen Dörflers, dem es ganz recht war, wieder heimkehren zu können. Sie aber waren froh, dem Landesherrn von ihrer Rettung zu berichten. Als dieser von der Verwundung des Sohnes erfuhr, machte er sich mit einem Trupp der Zurückgekehrten und in Begleitung eines Medicus augenblicklich auf den Weg zum Dorf.

Dort hatten die Frauen den jungen Mann so gut gepflegt, dass er zunehmend Farbe gewann, aber noch tief schlief. Die Weberin saß an seinem Bett und beobachtete jeden seiner Atemzüge. So hatte sie viel Zeit, ihn sich genau anzusehen. Er hatte feine Gesichtszüge und zarte Hände, schien ihr mehr den Künsten zugeneigt als dem Regieren, gerade das machte ihn ihr liebenswert.

Während seiner Genesung beendete das Licht des großen Seelenbootes sein Flackern, das Boot rückte dem kleinen immer näher und beide schaukelten im Gleichklang.

Als der alte Fürst mit seinem Tross das Dorf erreichte, war sein Sohn bereits erwacht, wenn auch noch zu schwach, sich vom Lager zu erheben. Besondere Eile hatte er allerdings nicht, fand er die Gesellschaft der jungen Frau, die ihn gerettet hatte, doch viel zu wohltuend. Sie plauderten über dies und das und der junge Mann fühlte sich verstanden. Das Regieren nämlich interessierte ihn nur wenig, die schönen Künste dafür aber umso mehr. Was die junge Frau sogleich erahnt hatte, davon wollte sein Vater nichts wissen. Sein Weg als nächster Landesherr war vorgezeichnet und schien unentrinnbar.

Ohne viel zu fragen, betrat der Vater die Stube, den Medicus im Schlepptau. Der zog die Nase kraus, er war nur vornehme Räume gewohnt, die Einfachheit der Kammer, in der sein fürstlicher Patient gebettet war, schien ihm keineswegs angemessen. Gleichwohl musste er anerkennen, dass seine Dienste nicht mehr nötig waren, auch wenn er nicht offen zugeben konnte, dass er von Kräuterheilkunde nicht viel verstand und es keinesfalls hätte besser machen können. Um seiner Bedeutung gerecht zu werden, bestätigte er seinem Herrn, dass es dem jungen Fürsten noch nicht zumutbar war zurückzureiten. Auch von einer Fahrt in der Kutsche riet er ab, viel zu unwegsam sei der Weg, die Erschütterungen würden dem langsam Genesenden nicht guttun.

So gewannen die Weberin und der junge Fürst, deren Seelenboote bereits eng aneinander im gelben Fluss schaukelten, noch etwas mehr Zeit, einander kennenzulernen.

Der Fürst wusste, für die Hilfe der Dörflerinnen hatte er zu danken. Denn Unzufriedenheit und schlechte Nachrede konnte er nicht gebrauchen. Ein kleiner Teil dessen, was er als Lösegeld hätte aufbringen müssen, übergab er deshalb der Ältesten, sie würde wohl wissen, wie es gerecht aufzuteilen wäre. Danach rief er zum Aufbruch. Die Regierungsgeschäfte erlaubten ihm nicht, länger zu verweilen, auch stand keine standesgemäße Unterkunft zur Verfügung. Außerdem mussten die Räuber gefangen und dem Gericht vorgeführt werden. Die Gesetzlosen mussten hart bestraft werden, der Galgen war ihnen gewiss, dafür wollte er schon sorgen.

Während also der Vater wieder seinen Pflichten nachging, hatte der Sohn endlich einen Ort gefunden, an dem er sich wohlfühlte, wo er umsorgt wurde und man sich dafür interessierte, worüber er nachdachte oder was er gerne getan hätte, wäre er nicht zum Regieren auserkoren gewesen. Deshalb sandte er nach ein paar Tagen eine Botschaft an den Hof, dass er noch Zeit zur Genesung brauche. So konnte er die Zeit der Rückkehr noch ein wenig hinausschieben. Die Weberin freute sich über die gewonnene Gelegenheit zur Zweisamkeit. Sie tauschten ihr so unterschiedliches Wissen aus, wobei es dem Herrschersohn schien, als könne er von der jungen Frau noch viel mehr lernen, als sie von ihm erfahren konnte. Was wusste er schon von der Welt? Am Hof war er beständig von Dienern umgeben gewesen, die Befehle ausführten, ohne gefragt zu werden, ob sie diese sinnvoll fanden oder nicht. Ob die Menschen, die ihn umgaben, ihn mochten oder nicht, war gleichgültig gewesen. Ablehnung wurde bestraft, also war auch niemand wirklich ehrlich zu ihm gewesen. Eben weil er sich nicht darauf verlassen konnte, was man ihm berichtete, hatte er beschlossen, sein Reich kennenzulernen, und sich auf die Reise begeben. So gesehen war der Überfall das Beste, was ihm hatte passieren können. Ihm waren dadurch auch die Gefahren bewusst geworden, denen seine künftigen Untertanen täglich ausgesetzt waren.

Während er gepflegt wurde, lernte er das tägliche Leben im Dorf kennen. Die Menschen, denen er hier begegnete, verstellten sich nicht. Wohl waren zwei Mann als Garde zurückgeblieben, auch der Kleine blieb an seiner Seite. Doch einerseits gefielen diesem die Plaudereien mit der Spinnerin, die die Gelegenheit nutzte für Gespräche über dies und das, was im Reich passierte oder auch besser gemacht werden könnte, andererseits war er ein kluger Mann, der wohl merkte, dass es dem Jungen guttat, auf eigene Weise ein Stück vom wirklichen Leben zu erfahren.

Schließlich aber konnte er es niemandem mehr glaubhaft machen, dass sein junger Herr noch zu schwach zum Reisen war, und drängte zum Aufbruch. Der folgte schweren Herzens, doch der zu seinem Vater Zurückgekehrte war ein gänzlich anderer geworden. Mit der Weberin an seiner Seite kündigte er seine Vermählung an. Das war seine Bedingung für seine Bereitschaft, die Regierungsgeschäfte zu übernehmen. Andernfalls wolle er in ihrem Dorf bleiben und das Regieren anderen überlassen, ließ er den Vater wissen.

Der erinnerte sich, trotz aller seitdem gezeigten Strenge, daran, dass auch er einst hätte freier sein wollen, voller Pläne, wie er das Reich regieren wollte. Doch die verständige Partnerin hatte ihm an seiner Seite gefehlt, sie war bald nach der Geburt seines Sohnes verstorben. In seiner Trauer hatte er Entscheidungen seinen Ratgebern überlassen, die darauf bedacht gewesen waren, dass sich nichts änderte, damit jeder von ihnen sein Stück vom vermeintlichen Glück und Wohlstand behalten konnte. So war alles am Hof in Regelwerken erstarrt; was im Reich vor sich ging, blieb jedoch unbeachtet. Räuberbanden nisteten sich ein in den Wäldern, gleichzeitig konnte sich auch gedeihliches Leben abseits des Fürstenhofes entwickeln. Weil das Land sich selbst überlassen geblieben war, hatte sein Sohn seine Liebe gefunden – wie konnte er sich dem entgegenstellen? Die junge Frau war klug und wusste vom Leben im Volk und was die Menschen in seinem Land bewegte, was sie benötigten und worunter sie litten. Vor allem aber entdeckte er in seinem Nachfolger endlich auch die Freude an der Aufgabe, die ihn erwartete. Darum hatte er sich viele Sorgen gemacht, nun aber konnte er beruhigt sein Amt übergeben. Dementsprechend festlich wurde die Vermählung gefeiert.

Die Räuberbande war indessen rasch ausgeforscht worden, die Häscher brauchten ja nur den Vögeln zu folgen. Weil sie, wenn auch mit gänzlich gegensätzlicher Absicht, zum Glück des neuen Landesherrn beigetragen hatten, wurden sie zwar eingekerkert, aber mit der Möglichkeit, ein Handwerk zu lernen. Viele von ihnen hatten ja nur nichts anderes gelernt, um sich ihren Lebensunterhalt zu verdienen. Ob es nun die Angst vor einem weiteren drohenden Vogelangriff war oder doch die Absicht, ein ehrliches Leben zu führen, ist nicht überliefert. Jedenfalls gab es danach keinen Raubüberfall mehr im Land.

Die beiden Boote lagen meist eng aneinander im gelben Fluss, der das Leuchten ihrer Lichter golden widerspiegelte. Nur manchmal, da flackerten die Lichter heftig und die beiden Boote drifteten ein wenig auseinander. Doch bald fanden sie wieder zueinander mit beständig leuchtendem Licht und über die Jahre gesellten sich neue, kleinere Boote dazu.

Der Schmetterling und die Läuferin

Gib jedem Tag die Chance, der schönste deines Lebens zu werden.

Marc Twain

Ach, sprach sie und kratzte sich den Kopf. Wo war sie? Irgendetwas hatte sie vor sich hergetrieben, sie war gelaufen und gelaufen, bis ihre Beine den Dienst versagt hatten. Sie saß da und nichts konnte sie erkennen, was hinter ihr her gewesen sein konnte. Nur das Herz schlug noch heftig in ihrer Brust und ihr Atmen mühte sich, die Lungen ausreichend mit Luft zu füllen.

Oben am Himmel stand der volle Mond und wunderte sich. Die Menschen waren schon merkwürdige Wesen. Sie liefen hierhin und dorthin, immer getrieben, und schienen doch nie anzukommen. Erst wenn er am Himmel leuchtete und die Nacht nicht ganz so finster bleiben ließ, fanden sie endlich etwas Ruhe. Doch kaum hatte er seine Reise über den schwarzen Himmel beendet, waren sie schon wieder auf den Beinen und liefen hin und her.

Die Frau aber, die davongelaufen war vor etwas, das sie nicht kannte und von dem sie nichts wusste, sie saß nun da, konnte nicht mehr laufen, aber auch nicht ruhig sein. Ängstlich blickte sie umher, irgendwo musste sie doch sein, die Gefahr, die sie so sehr gejagt hatte!

Als sie so unruhig dasaß, umflatterte sie ein Schmetterling. Der setzte sich auf ihre Hand, schloss die Flügel und wollte nicht mehr fort. Um das schöne Tier nicht zu erschrecken, hielt sie endlich still. Statt weiterhin die Gefahr zu suchen, heftete sie ihren Blick auf den Verwandlungskünstler und bewunderte die Zeichnung auf seinen Flügeln. Wenn diese auf den gefalteten so interessant war, wie schön musste sie erst sein auf den geöffneten? Während sie dem Tier alle Aufmerksamkeit schenkte, wurde ihr Atem ruhiger und auch ihr Herz und bald konnte sie sich gar nicht mehr daran entsinnen, was sie hierhergetrieben hatte.

Schließlich war auch sie ganz ruhig geworden. Der Falter öffnete seine Flügel, gab ihr noch einen Moment, sie zu bewundern, bevor er davonflatterte, um eine ihm gewogene Blüte zu finden. Sie aber war gestärkt und ganz zufrieden. Bald stand sie wieder auf ihren Füßen und machte sich auf den Weg zurück, zum Ausgangspunkt ihres Laufens.

Der Mond empfing sie mit seinem Leuchten und dachte: »Wieder eine, die endlich angekommen ist.«

Die Geschichten der Mondin

Bäume sind Gedichte, die die Erde in den Himmel schreibt.

Khalil Gibran

Es war einmal eine Fee. Die war als Kleine in den Silbersee am Rande der Welt gefallen, seitdem war sie von Kopf bis Fuß versilbert. Im Sonnenlicht glänzte sie, wenn die Mondin rund und voll vom Himmel herunterleuchtete, aber strahlte sie. Das Licht der nächtlichen Begleiterin traf auf die Fee wie ein Band von einer zur anderen. An diesem entlang reihten sich so viele Geschichten, du könntest sie gar nicht zählen, zu lange würde es dauern. Der Tag bräche an und du wärst noch nicht fertig. Mit Zählen wollte die Fee die kostbaren nächtlichen Stunden jedenfalls nicht verschwenden, viel lieber pflückte sie die Geschichten eifrig herunter. Jede Vollmondnacht neue, keine wiederholte sich. So hatte sie bald für jeden Monat des Jahres eine zauberumwobene Sammlung beisammen. Die Geschichten band sie zu Sträußen, jeden steckte sie in einen anderen Baumstrunk.

Auf diesen Geschichtenblüten stand: *Pflücke mich!* In einem der hohen Bäume des Waldes neben der Wiese, auf der in jenen Vollmondnächten das silberne Band zur Mondin von Märchen bestückt war, versteckte sie sich an den folgenden Tagen. Von dort konnte sie Ausschau halten nach den Menschenkindern, die des Weges kamen, um ihre Geschichten zu ernten. Denn bald hatte es sich herumgesprochen, dass es in dem Wald neben der großen Wiese etwas ganz Wunderbares zu finden gab. Es waren so verschiedene Menschen, die da jedes Mal nach Vollmond in den Wald eilten, um eine genau für sie passende Geschichte zu finden, da gab es viel zu beobachten.

Nun fragst du wahrscheinlich, wie es denn gelingen konnte, dass jede und jeder die genau passende Geschichte erwischen konnte. Ja, das war das Besondere an den Feenblüten und -blättern. Wenn zum Beispiel ein Mädchen vorbeikam, das gerade Kummer hatte, dann leuchtete ihr die passende Blume silbern entgegen. Es sah nur die eine Geschichte, die ihm Trost spenden würde. Kam eine alte Frau, die ihre Glieder nur mit Schmerzen bewegen konnte, leuchtete ein anderes Blatt. Wenn sie es dann trotz ihrer Schmerzen gepflückt hatte und mit nach Hause nahm, floss wunderbare Leichtigkeit durch ihren Körper, ganz schmerzbefreit lief sie, als wäre sie wieder jung. So fanden alle ihre genau passende Medizin.

Immer mehr Menschen zog es in diesen Wunderwald, für alle gab es ausgewählte Geschichten. Es waren so viele, die Monat für Monat am silbernen

Band hingen, nie gingen sie aus. Die Mondin hatte schon viel gesehen, was auf dieser Welt geschehen war, und jeden Tag entdeckte sie eine neue Märchenhaftigkeit, die schickte sie dann auch gleich auf das silberne Band zur Fee.

Die Monate verstrichen, der Frühling begrüßte den Sommer mit einem bunten Blumenstrauß, der Sommer schenkte dem Herbst einen duftenden Kräuterbuschen, den der Herbst trocknen ließ und dem Winter übergab, damit er damit die Herzen erwärmen konnte. Der Winter wiederum sammelte Wasser in tausenderlei Kristallen, so verschieden wie die Geschichten, die gerade in der finsteren und kalten Zeit so nötig waren. In der kalten klaren Luft zwischen den Bäumen waren sie verlässlich zu finden. Ebenso verlässlich kehrte der Frühling mit großem Durst wieder, gemeinsam mit der wärmeren Sonne, die die Kristalle auftaute, damit sie wieder Wasser würden und all die Samen nähren konnten, die er in seinem Bündel mitgebracht hatte. So ging der Kreislauf Jahr für Jahr weiter und Menschen kamen und gingen glücklicher oder gesünder – was sie dann gleichzeitig glücklicher werden ließ – als zuvor.

An so einem Tag, an dem sich Winter und Frühling noch ein bisschen balgten, weil der Winter noch bleiben und der Frühling ihn verjagen wollte, kam ein junger Mann in den Wald, der um seine Liebste weinte. Sie war einem anderen versprochen worden, als sie noch ein kleines Mädchen gewesen war, ja eigentlich noch bevor sie die Welt erblickt hatte. Er weinte, weil er zornig war. Wieso war es möglich, dass Eltern ihre Tochter so verschacherten und ihr jede Möglichkeit absprachen, ihrem eigenen Wunsch zu folgen? Den, den sie heiraten sollte, kannte sie nicht, er lebte in einem Dorf auf der anderen Seite der großen Wiese. Von dort kam nur selten jemand bis in den Zauberwald, die Leute dort glaubten nicht an Feen oder gar an heilsame Geschichten. Auch deshalb wollte die junge Maid den fremden Burschen keinesfalls zum Manne haben, sie wusste, in seinem Dorf gab es viel Streit und Missgunst. Die Menschen dort waren unzufrieden und mäkelten an allem, sei es die Ernte, die ihnen zu mager war, sei es das Wetter, das die Sonne mal zu heiß, dann wieder den Regen zu stark werden ließ, sie waren voll Verdruss, weil die Kinder nicht folgten oder der Ehegespons nicht tüchtig genug war.

Der junge Mann, der da im Wald herumirrte und all die Geschichtenblüten übersah, weil seine Augen tränenblind waren, der liebte die Maid gar inniglich. Schon als Kinder hatten sie immer so schön gespielt, nie hatte es Streit zwischen ihnen gegeben und immer wieder hatten sie sich etwas ausgedacht, das ihr Spiel noch fröhlicher, noch spannender gemacht hatte. Als sie dann alt genug waren, um den Großen bei der Arbeit zu helfen, gingen sie immer gemeinsam und schafften auf diese Weise viel mehr, als ein Kind allein gekonnt hätte. Jede und jeder im Dorfe mochte die beiden und meinte, sie wären, wenn es an der Zeit wäre, ein wunderschönes Paar. Auch die Eltern des Mädchens mochten den Jungen, sein Vater hatte das Versprechen, das er einst gegeben hatte, ganz vergessen. Doch als die Maid ihren achtzehnten Geburtstag feierte, erschien ein grauhaariger Mann, dem kein Lächeln über die Lippen glitt. Er hielt sich auch nicht lang auf mit Begrüßungen, sondern ging gleich auf den Vater der Gefeierten zu und forderte: »Nun ist sie ja achtzehn, es ist Zeit für die Hochzeit mit meinem Sohn, so wie es einst zwischen uns vereinbart wurde. Dort am Rande des Dorfes steht mein Wagen, bring ihre Aussteuer dorthin, danach fahr ich mit ihr in mein Dorf, dort wird geheiratet.«

Der Vater der Maid war sehr erschrocken, sein damaliges Versprechen hatte ihn bald gereut, doch hatte er es geben müssen. Er nämlich stammte aus dem Dorf, in das er nun seine Tochter verlieren sollte. Damals wollte er nur weg, von einem Reisenden hatte er vom glücklichen Dorf auf der anderen Seite der Wiese erfahren und hoffte, dort ebenfalls sein Glück zu finden. Der Preis dafür jedoch war ebendieses Versprechen, dass er sein erstes Kind wieder dorthin zurückschicken würde, wenn es das achtzehnte Jahr vollendet hätte.

Im Dorf seines Verlangens hatte er dann wirklich sein Glück gemacht, nachdem er die genau nur für ihn erzählte Geschichte im nahen Wald gefunden hatte. Das Merkwürdige an dieser aber war, dass sie ohne Ende blieb. Von seiner Frau – der er wenig später begegnet war und die er bald danach geheiratet hatte – war darin die Rede, auch von der schönen Ernte, die er jedes Jahr einfuhr. Aber als die Erzählung mit der

Ankündigung des ersten Kindes fortfuhr, verloren sich die Zauberworte. Gewundert hatte er sich schon sehr, aber weil er und seine Frau glücklich, seine Kinder gesund und kräftig waren, das Vieh im Stall gedieh und das Korn reichlich den Speicher füllte, dachte er bald nicht mehr über das fehlende Ende nach und auch sein einst gegebenes Versprechen vergaß er allzu gern.

Nun aber hatte der Grauhaar ihn aus seiner Träumerei gerissen. Seine Frau blickte ihn entsetzt an, denn auch ihr hatte er nichts von diesem Pakt erzählt. Seine Tochter stieß ihn, als er die Verzweifelte zögerlich an der Hand fassen wollte, von sich und rannte schreiend ins Haus. Der junge Mann, mit dem sie eigentlich hatte Hochzeit halten wollen, aber lief in den Wald.

Der irrte nun zwischen den Bäumen herum. Der Vater des Mädchens, der einst aus dem traurigen Dorf entkommen war, entsann sich seiner Geschichte und machte sich ebenfalls auf den Weg in den Wald. Denn nun war es Zeit, ein gutes Ende zu finden. Es dauerte auch nicht lange, da leuchtete ihm ein Blatt entgegen, kleiner als die anderen, doch wunderschön golden anzusehen. Auf ein Danke vergaß er nicht, drückte das gefundene Geschichtenblatt ans Herz und kehrte zurück, voll Vertrauen auf eine gute Lösung für alle.

Er fand die Feiergesellschaft vor, erwartungsvoll blickten sie ihm entgegen, alle wollten sie hören, wie seine Geschichte nun weiterging. Er aber ging auf den Grauhaar zu und meinte: »Sieh doch, wie fröhlich und freundschaftlich wir hier alle verbunden sind. Meinst du nicht, dein Sohn hätte es verdient, ebenso glücklich zu werden? Vielleicht liebt er schon insgeheim eine andere in eurem Dorf und ist ebenso traurig wie meine Tochter, dass er eine ihm ganz Unbekannte heiraten soll. Und das alles wegen eines uralten Versprechens, das in all den Jahren wohl seinen Sinn verloren hat. Wenn du zurückkehrst ohne meine Tochter, schenke ich euch dafür etwas viel Wunderbareres, etwas, womit dein Dorf ebenso froh werden kann wie unseres.«

Der Alte sah ihn verdattert an. Dass die Heirat mit der fremden Maid für seinen Sohn ein Unglück bedeuten konnte, wäre ihm nie in den Sinn gekommen. Ungläubig schaute er den Mann an, der offenbar sein Glück gefunden hatte. Was könnte ihm der wohl bieten, was so viel wertvoller war als das Einlösen des Versprechens? Der andere wartete nicht auf ein Ja, nahm den Grauen kurzerhand am Kittel und zog ihn Richtung Wald. Kaum waren sie ein paar Schritte hineingegangen, leuchteten bereits an vielen Stellen Blütenblätter auf, sogar in vielerlei Farben. Wie ein Regenbogen zog sich diese Leuchtspur durch den Wald.

»Pflück sie alle und verteile sie in deinem Dorf. Für jede und jeden wird die genau richtige Geschichte dabei sein, da brauchst du dir gar keine Gedanken oder Umstände zu machen. Bald danach wird die Stimmung in deinem Dorf eine ganz andere sein, lass es einfach geschehen. Und frag deinen Sohn, wen er wirklich heiraten möchte. Du wirst vermutlich Augen und Ohren machen!« Noch bevor der andere irgendetwas entgegnen konnte, fügte er schnell hinzu: »Wenn ihr nicht binnen eines Jahres eine ebenso glückliche Gemeinschaft seid wie die unsere, dann darfst du wiederkommen. Bis dahin soll mein Mädchen warten, seinen Liebsten zu heiraten.« Insgeheim war er ganz froh, dass er damit noch ein Jahr Aufschub hatte bis zur Hochzeit der Liebenden. Seine Tochter war noch fast ein Kind, so blieb ihr noch etwas Zeit, bevor sie selbst einen Haushalt zu führen hatte. Und seine Frau würde es ihm sicher sehr danken, denn die Hilfe der ältesten Tochter war ihr sehr gelegen.

Der Grauhaar hatte die ganze Zeit über die vielen Geschichten an sich gedrückt gehalten, ihre Wirkung hatten sie nicht verfehlt. Er war schon viel freundlicher, ja, die, die um ihn standen, meinten, dass er sogar um Jahre jünger aussehe. »Nun gut, ein Jahr lang kann ich dir Aufschub geben. Wenn wir uns danach wirklich besser vertragen und glücklich leben, dann soll es mir den Preis wert sein und du kannst deine Tochter im Dorf behalten.«

Da freuten sich alle, riefen die Maid herbei, die Spielleute eröffneten den Tanz und alle schickten sich an, gehörig das gute Ende zu feiern. Denn daran, dass die im anderen Dorf nun auch glücklich würden, zweifelte niemand. Nur das Mädchen wollte nicht fröhlich werden, es suchte nach seinem Liebsten, denn der war nicht zurückgekehrt.

Vielmehr war er immer tiefer in den Wald eingedrungen, immer noch wütend und verzweifelt. Schließlich brach er erschöpft zusammen, wischte sich die Augen trocken und blickte erstmals um sich. So tief war er noch nie in den Wald vorgedrungen, auch wusste er nicht, in welche Richtung er gehen sollte, um wieder herauszufinden. Jetzt hatte er noch einen weiteren Grund zu verzweifeln. Als er gerade ganz in Hoffnungslosigkeit zu versinken sich anschickte, tauchte aus dem Boden ein Mäuslein auf, das setzte sich possierlich vor ihn hin und guckte ihn neugierig an.

Weil sonst kein Lebewesen da war, dem er sein Unglück hätte mitteilen können, sprach er das Tierchen an: »Ach, Mäuslein, du kennst dich wohl aus im Wald, kannst du mir sagen, wie ich wieder herausfinde?« Er ahnte nicht, dass die Silberfee über ihm im Baum hockte und seine Verwirrung beobachtete. Das Mäuslein aber drehte sich um und lief davon, nicht ohne sich umzusehen, ob der Junge ihm auch nachging. Der hatte ohnedies keinen besseren Plan, also folgte er dem kleinen Nagetier. Bald wurde der Wald wieder lichter und der junge Mann bemerkte endlich wieder die wohlbekannten Geschichtenblumen. Rosarot leuchtete ihm eine entgegen – sollte es nun doch eine Lösung für die Liebe geben? Noch ungläubig griff er nach einem Blütenblatt, da durchströmte ihn augenblicklich eine köstliche Wärme. Die Sehnsucht wurde noch mal so groß und schon wollte er losstürmen, da stolperte er über eine Wurzel. Ja halt, er hatte ganz vergessen, dem Mäuslein zu danken und auch der Fee für ihre Geschichte! Geschwind holte er es nach und eilte weiter. Mit klopfendem Herzen, voll Bangen und Hoffen, erreichte er den Rand des Waldes. Immer langsamer wurden seine Schritte, er zweifelte nun doch an der Zauberwirkung der Geschichten. Gar zu bedrohlich hatte der unerwartete Störenfried gewirkt. Was, wenn dessen dunkle Ausstrahlung den Feenzauber zunichte gemacht hatte? Er spürte die rosa Geschichtenwolke auf seiner Brust, sie wärmte sein Herz, da schöpfte er erneut Vertrauen. Als er das Dorf erreichte, sah er sein Mädchen, das sehnsüchtig nach ihm Ausschau hielt.

Nun erfuhr er auch, dass sie noch ein Jahr würden warten müssen – doch was war ein Jahr gegen ein ganzes Leben? Umso schöner sollte der Tag ihrer Hochzeit werden. Groß war aber dann doch das Erstaunen, als zu ihrem Festtag ein ganzer Wagen voller Gäste aus dem anderen Dorf angefahren kam und mit ihnen ein weiterer voller Geschenke für alle Bewohnerinnen des Dorfes. Denn nach ungezählten Jahren des Missmuts und Unglücks waren sie endlich eine Gemeinschaft geworden und zufrieden. Deshalb wollten sie nicht nur feiern, sondern außerdem einen Ausflug in den Zauberwald machen, für all die Kinder, die seitdem geboren worden waren. Was man einer Fee zum Dank schenken konnte, wussten sie nicht, aber der Vater der an diesem Tag überglücklichen Braut meinte, ein weiteres Dorf in Glück und Freude zu wissen, sei ihr wohl Dank genug.

Starkes Herz

*Gott schenkt dir das Gesicht,
lächeln musst du selber.*

AUS IRLAND

In seiner Brust schlug ein starkes Herz. Es war der Tag, der ihn erwartete, kein Tag wie jeder andere. Nicht nur hatte ein neues Jahr begonnen, es sollte auch die Zeit der Mühen und Hinderungen beendet werden.

Seit vielen Jahren hatte er im Wald gelebt, als Freund der Tiere und Gesprächspartner der Bäume. Menschen waren nur ganz selten in seinen Lebensraum eingedrungen, manche hatten Beeren gesammelt, andere den Wald auf der Suche nach neuen Abenteuern durchquert. Wenige hatte er zurückkehren sehen. Ein Einziger hatte bei ihm auch Aufenthalt eingelegt, war eine Zeit lang geblieben, um von ihm zu lernen. Der wusste danach die Namen der Bäume und auch der Kräuter und Pilze, die im Unterholz gediehen. Von einigen kannte er dann auch die Wirkung, er war nicht lang genug geblieben, um sich alle zu merken. Doch das Wenige, das er wusste, reichte doch, um das Leben zumindest einiger Menschen angenehmer werden zu lassen.

Er selbst wusste alles über die Heilkräfte der Pflanzen des Waldes, doch ihn hatte nie jemand danach gefragt. Nun aber war es Zeit, den Wald zu verlassen und sein Wissen zu teilen. Denn überall war die große Veränderung zu spüren. Jedes Jahr war wärmer geworden als das Jahr zuvor, selbst der Wald litt unter zunehmender Trockenheit, fremde Tiere und Pflanzen verdrängten die ihm bekannten, und wenn doch einmal jemand an seiner Tür klopfte, um einen labenden Trank zu erbitten, erfuhr er vom Leid in der Welt. Krankheit und Not hatten sich ausgebreitet, die Menschen waren ratlos, wie sie zu beenden wären. Die Tiere verschwanden zunehmend aus dem Leben der Menschen, Seen und Flüssen fehlten die Fische, Bienen und andere Insekten blieben aus und Vögel kehrten nicht zurück. Ernten verdarben, Gewässer verschwanden. Dann wieder verwüsteten Stürme und Fluten das Land, Erdmassen und Geröll stürzten die Berghänge hinunter. Die Menschen erzählten einander Schauergeschichten, in denen Schuldige genannt wurden, derer aber niemand habhaft werden konnte. Wenn dann doch hier und dort einer erwischt wurde, lösten er oder sie sich in Luft auf. Chimären, die eine Zeit lang vom eigenen Mittun abgelenkt hatten, zerstoben, nur um irgendwo anders als neue Rettungsgeschichten aufzutauchen, ohne Erleichterung zu bringen. Nach Rat und Hilfe wurde gerufen, doch keiner kam, sie zu bringen. Die Feen, Elfen und Gnome, die in früheren Zeiten für Gleichgewicht gesorgt hatten, die mitunter auch besonderes Glück einzelnen Auserwählten hatten zu Teil werden lassen, hatten die Wohnstätten schon vor langer Zeit verlassen. Da und dort tauchten stattdessen Unwesen auf, die aus der Verzweiflung Kraft schöpften.

Doch abseits von Angst und Gier, trotz des Misstrauens und der Missgunst, die sich ausbreiteten, bildeten sich Inseln gegenseitiger Hilfe. Hier wurden Lieder gesungen, neue Pflanzen gezüchtet, hier hörte man einander zu und entwickelte kleine Wunder, die Lösungen statt Schuldzuweisungen boten. Zu so einer Gemeinschaft stieß der Waldkundige mit dem starken Herzen. Herzlich wurde er aufgenommen, sein Wissen ergänzte wunderbar das der anderen und die Gemeinschaft errichtete ein Haus der Heilung. Bald kamen viele Menschen mit verschiedensten Krankheiten. Aber für diese war das Haus ja nicht wirklich gedacht gewesen. Vielmehr sollten die einkehrenden Gäste lernen, wie sie dazu beitragen konnten, selbst froh und gesund zu bleiben und dafür zu sorgen, dass dies auch den Menschen in ihrem Umfeld gelänge. Doch der Mann mit dem großen Herzen musste erkennen, dass die Wenigsten schon dafür bereit waren. Also sprach er mit jedem Einzelnen, wollte wissen, wie er oder sie lebten, was sie aßen, ob sie gut schliefen und, wenn nicht, was sie daran hinderte. Bald wusste er recht gut Bescheid darüber, wie durch kleine Lebensveränderungen ganz viele der Heilung Suchenden aus eigener Kraft dafür sorgen konnten, gesund zu werden und – vor allem – zu bleiben.

Für diejenigen aber, die Unterstützung dabei

brauchten, stellte er Tees und Tinkturen, Salben und Pillen her. Denn ein geschwächter Körper musste erst wieder zu Kräften kommen, ehe Veränderungen der Lebensroutine durchgeführt werden konnten. Diejenigen, die seinen Rat zumindest zum Teil befolgten, fühlten sich rasch viel besser, sie erzählten Freunden, Kolleginnen, Familienmitgliedern und sogar Fremden davon. Etliche nahmen sich die Ratschläge zu Herzen, verzichteten auf so Manches und gewöhnten sich an Neues. Und so, ganz allmählich, ging es den Menschen immer besser und besser. Ganz nebenbei hatten sie dabei auch begonnen, mehr auf die sie umgebende Natur zu achten, mit der ihnen gegebenen Zeit sorgsam zu sein und mehr miteinander statt gegeneinander zu arbeiten.

Das aber missfiel den Unwesen, die sich bisher am Leid der Menschen gelabt hatten. Also trachteten sie danach, den Menschen das neue Wohlsein wieder zu verleiden. Sie ließen Brücken einstürzen, entfachten Brände oder sangen Schlafenden Trübsal ins Ohr. Das aber bemerkte der Mann mit dem starken und weiten Herzen und teilte seine Wahrnehmung mit den Mithelfenden, die nun schon eine ganze Weile seinen Rat schätzten und ihre Lebensfreude nährten. Sie zogen aus in alle Windrichtungen, und wohin sie kamen, sangen sie Lieder von Zuversicht und Zuwendung. Die Menschen scharten sich um sie und überhörten dabei die störenden Misstöne der Unwesen. Sie lauschten den Geschichten der Gäste und vernahmen, dass sie durch hilfreiches Zusammenwirken all die

Unfälle und Katastrophen meistern konnten. Sie lernten, einander zu vertrauen und aus der Gemeinschaft Kraft zu schöpfen. Statt Jammer über ihr Leid fanden sie Lösungen. Sie bauten Brücken und Gebäude neu auf, die waren schöner und standhafter als zuvor, sie pflanzten neue Bäume und Wiesen, wo zuvor Asphalt die Erde erstickt hatte. So wurden die Unwesen ausgehungert, mit der Zeit verloren sie Kraft und Ideen, bis sie schließlich ganz verschwunden waren.

Die Menschen hatten sich gewandelt, sie lebten mehr miteinander, feierten Feste und achteten auf Warnungen, damit ihnen in der Zeit des Wohlseins der Mut nicht überging. Langsam kehrten sogar die Tiere zurück, in Flüssen, Seen und Meeren tummelten sich Fische und andere Wasserwesen. Gelegentlich meinte sogar der eine oder andere, eine Nixe gesichtet zu haben.

Der Ring der Riesin

Wenn man einen Riesen sieht,
so untersuche man erst den Stand
der Sonne und gebe acht, ob es nicht
der Schatten eines Pygmäen ist

Novalis

Am Grunde eines Teiches liegt ein Ring, wo er vor Urzeiten verborgen wurde. Der Elfenkönig hatte ihn den Riesinnen geschenkt, um sie bei Laune zu halten. An dem glitzernden Ding hatten sie ihre Freude und der Friede zwischen dem Riesinnen- und dem Elfenreich blieb lange Zeit gesichert. Die Riesinnen lebten oben auf den Bergen, jede bewachte einen der Gipfel und zog dort die Wolken herbei, um Regen oder Schnee herabfallen zu lassen. Jede war mit einem anderen der Winde auf du und du, auf einem davon ritt der Eismann und sorgte dafür, dass das sich sammelnde Wasser gefror, ein anderer fegte aus südlichen Ländern große Mengen Wüstensand herbei, ein dritter brachte milde Brisen und außer diesen trafen sich hier noch etliche weitere, jeder hatte seine Aufgabe.

In den Tälern sammelten Zwerge Sonnenstrahlen und die Elfen hegten Bäume, Blumen und Gräser, die sich in den laueren Lüftchen wiegten. Aber auch den wilden Stürmen, die von den Bergen herunterwehten, waren sie nicht ausgeliefert, weil sie sich beugten. Tief verwurzelt in der Erde blieben sie standhaft. Ihre Samen nahmen die Winde und Stürme mit, so verteilten sie sich weit über die Lande. Auch in entferntesten Winkeln sorgten die Elfen für das nötige Gleichgewicht, die Zwerge für die nährende Wärme der Erde.

So hielten sie es viele Tausend Jahre. Doch dann brach Streit aus unter den Riesinnen. Keine wusste danach so richtig, welche angefangen hatte, doch sicher war: Es war der Ring, um den sie sich stritten. Alle Hundert Jahre nämlich sollte er von einer zur nächsten wandern, bis jede ihn einmal am Finger gehabt hatte. Danach begann die Runde von Neuem. Doch nun war da eine, die wollte den Ring nicht mehr weitergeben. Sie fühlte sich besonders, meinte, würdiger zu sein, den Ring zu tragen, als ihre Schwestern. Riesinnen kennen aber keine Unterwürfigkeit, auch die Elfen ließen sie nur wegen des Ringpfandes in Ruhe und wohl auch, weil diese sie auf ihren kalten und stürmischen Bergen ungestört ließen. Sie empörten sich gegen die Anmaßung der Widerborstigen und drohten, ihr den Finger abzubeißen, sollte sie den Ring nicht von diesem streifen und wie vereinbart der Nächsten übergeben. Doch just auf diese war die bisherige Ringträgerin neidisch, sie meinte, sie habe den Berg mit der besseren Aussicht, während sie selbst lange nicht so weit in die Ferne blicken könne wie ihre Schwester. Als Trost wollte sie den Ring behalten, ließ sie die anderen wissen. Die aber rissen an ihrem Finger, schimpften und kreischten, dass es von allen Bergwänden widerhallte.

Dies dröhnende Echo hörten die Elfen, weshalb sie eine Abordnung in die Berge entsandten. Sie konnten es nämlich gar nicht ertragen, wenn die Harmonie der Welten gestört wurde, besonders aber waren sie lärmempfindlich und liefen Gefahr zu erkranken. Das Ende des Elfenreiches wäre damit besiegelt gewesen, dies galt es zu verhindern. Bäume und Blumen wären mit ihnen verschwunden und nur die vereisten Berge wären übergeblieben. So sehr liebten die Elfen die Schönheit der Pflanzenwelt, dass sie diese auch über ihr Ende hinaus gesichert wissen wollten.

Die in Pelze gehüllte Elfenschar, die die Berge erklommen hatte, sah nun die streitenden und am Finger der Schwester ziehenden Riesinnen und hörte das schauerliche Gebrüll, das ihre Beschaulichkeit so sehr störte. Nun musst du wissen, Elfen haben zarte Stimmen, überhaupt sind sie zarte Wesen, schon im Vergleich mit uns Menschen. Riesinnen gegenüber aber scheinen sie vollkommen zu verschwinden. Wie nur konnten sie auf sich aufmerksam machen und die Bergwächterinnen zur Besinnung bringen? Einige von ihnen trugen Flöten bei sich, die zwar dazu gedacht waren, elfisch-blumige Melodien hervorzubringen, doch es ging auch anders. Töne sind schließlich Töne, wohlklingende ebenso wie Misstöne. Die aber waren jetzt angebracht, möglichst laut und schrill mussten sie sein, dann konnte es gelingen, die

Riesinnen zu verwirren und damit ihren Raufhandel zu unterbrechen.

Und wirklich, besonders die hohen und gar nicht zueinanderpassenden Klänge bohrten sich sogar in die Ohren der kreischenden, schreienden und kämpfenden Riesinnen. So sehr, dass sie mitten im miteinander Ringen zu erstarren schienen. Die Elfen sahen die Riesin mit dem Ring, deren Finger von zwei fremden Händen umklammert war, rund um den Ring waren ihre Finger und ihre Hand von Beiß- und Kratzspuren übersät. Alle wussten vom Geschenk des Elfenkönigs, doch wenn dieses zu solchem Streit führte, dann wäre es wohl besser, den Riesinnen den Ring wieder wegzunehmen. Weil die elfischen Spielleute mit dem Misstönen nicht aufgehört hatten – ihre eigenen Ohren hatten sie vorsorglich zugestopft, sonst hätten sie diesen Radau nicht überlebt –, blieben die sie weit überragenden Bergwächterinnen unbewegt. Ein junger und abenteuerlustiger Elf kletterte das Bein der mit den Schwestern im Gerangel erstarrten Riesin hoch, löste die Finger der anderen beiden von dem ihren und konnte ihr so ganz leicht den Ring abziehen. Zurück rutschte er das Bein hinunter, das machte ihm noch dazu einen Heidenspaß! Bis auf einige Spielleute, die den Elfenkrawall weiterspielten, damit die anderen ungehindert ins Tal entkommen konnten, waren schon alle verschwunden, bis die Riesinnen aus ihrer Erstarrung erwachten, nachdem das Lärmorchester sich entfernt hatte.

Das Gebrüll hättest du hören sollen, als die neidische Schwester ihren nackten Finger bemerkte! Nur hatte den Ring auch keine andere, jede beschuldigte jede, ihn an sich gerissen und versteckt zu haben. So stritten sie noch eine ganze Weile weiter, bis ein Rabe bei ihnen landete, mit der Botschaft der Elfen.

»Weil unser Geschenk zu eurem Streit geführt hat und damit das Weltengefüge auseinanderzubrechen drohte, haben wir den Ring an uns genommen und an der tiefsten Stelle eines Teiches versenkt. So hat ihn keine mehr und ihr braucht darüber nicht mehr uneins zu werden. Bedenkt aber, dass auch eure Welt untergeht, wenn ihr eure Aufgaben nicht wahrnehmt. Keine ist besser als die andere, jede hat ihren eigenen wichtigen Auftrag. Wir hoffen sehr, dass bei euch wieder Vernunft und Frieden einkehrten und ihr weiter Sturm, Wind, Regen und Schnee im Zaum haltet, damit das Leben auf der Erde weiterhin gedeihen kann. Zumindest euren Ahninnen seid ihr es schuldig.«

Besonders die Ermahnung, sich den Ahninnen würdig zu erweisen, machte die Schwestern betroffen. Sie erkannten, dass sie mit ihrem Gezänk ihr Erbe in große Gefahr gebracht hatten. Betrübt kehrte jede auf ihren Berg zurück. Es tat ihnen leid um den Ring, doch bald dachten sie: Er war ja doch nur ein Stück glänzendes Metall um den Finger, die Welt um sie herum hingegen sicherte Leben. Dass es weiterginge wie all die Tausenden Jahre zuvor, dafür wollten sie wieder friedvoll sorgen. Einen Ring brauchten sie dazu nicht. Und ihren Kindern erzählten sie die

Geschichte immer und immer wieder, damit diese, wenn sie einst die Berge bewachen würden, ebenso achtsam ihre Aufgabe erfüllten. Es blieb den Menschen vorbehalten, dieses kostbare Zusammenwirken von Elfen und Riesinnen aus dem Gleichgewicht zu bringen, doch das ist eine andere Geschichte. Hoffentlich hat auch sie ein gutes Ende wie alle anderen Märchen.

Die Welle und der Sand

Schätze ohnegleichen liegen im Meer. Doch wenn du Sicherheit suchst, bleib an Land.

SCHEICH SAADI VON SCHIRAS

Es war einmal eine Welle, die hatte sich verlaufen. Sie schwappte auf einen ihr unbekannten Strand, weit weg von dem Meer, in dem sie geboren worden war. Neugierig sog sie den Sand, der von ihr liebevoll-stürmisch überzogen wurde, in sich ein.

Der Sand wiederum knirschte: »Aber holla, wer bist denn du? Gehörst du nicht an einen ganz anderen Strand? Erzähl mal, wie ist es denn dort, wo du herkommst?«

Ja, da hatte er das Problem benannt und die Welle wurde sich erst so richtig ihrer Heimatlosigkeit bewusst. Doch der Sand könnte ihr etwas von seinem Strand erzählen und sie ihm die Bilder ihrer Erinnerung, so würde sie sich vielleicht nicht mehr so verloren fühlen. Also antwortete sie dem feinkörnigen Element, während sie sich zurückzog, nur um erneut über ihn zu streicheln: »Ich komme aus einem dunkelblauen Meer, dort hab ich mich geworfen gegen Felsen. Zu weißen Blasen schäumte das Salz in meinen Tropfen, die auf meiner Oberfläche tanzten. Wurde ich zurückgeworfen, überschlugen sie sich und kehrten zurück in den weiten Ozean. Auch ich zog mich dorthin zurück, neue Kräfte zu sammeln für die wartenden Felsen. Plätscherte ich dahin im Meer, gemeinsam mit vielen anderen meinesgleichen, beobachtete ich große und kleine Fische unter mir. Die großen wollten die kleinen fressen, doch indem sie sich zu einem Schwarm zusammenrotteten, als wären sie ein noch viel größerer Fisch, konnten sich viele retten. Denn vor diesem fürchtete sich der wirklich große und suchte sich andere Jagdbeute. Vielerlei weitere Meeresbewohner versteckten sich auf dem Meeresboden, schneckenartige und solche mit langen Armen oder scharfen Zangen. Besonders gern beobachtete ich sternförmige, die über den Boden liefen.«

Der Sand fiel ein: »Ja, solche kenne ich auch, die werden manchmal angeschwemmt, dann sterben sie. Und dann gehen große Füße auf mir und sammeln sie auf. Auch seitwärts krabbelnde Wesen kommen, mit so Zangen, von denen du sprachst, die laufen meistens wieder zurück ins Wasser. Manche schaffen es nicht, mit ihnen geht es dann zu Ende. Ihre Beine und Zangen bleiben in mir gebettet, genauso wie Schalen von Muscheln. Auch diese werden gerne von denen mit den Füßen aufgehoben.«

»Was sind Füße?«, wollte die Welle wissen.

»Nun ja, da gibt es so große Tiere, die laufen auf nur zwei Beinen, an deren Ende eben Füße sind. Die sind platt und treten dann auf mir herum. Dort, wo andere Tiere ihre anderen zwei Beine haben, hängen kürzere herunter. An deren Ende sind andere Füße – sie nennen sie Hände. Die sind sehr beweglich, mit noch beweglicheren Zehen, die sie Finger nennen. Mit denen heben sie die Muschelschalen und toten Sterne, auch angeschwemmtes Holz oder Steine auf.«

Die Welle wollte noch viel mehr erfahren über das fremde Land, doch zog es sie immer stärker zurück in das Wasser, dessen Teil sie war. Ein bisschen von dem fremden Sand nahm sie mit, vielleicht konnte er ihr noch mehr erzählen auf ihrer Reise in weitere ferne Länder. Mit diesem Gedanken tröstete sie sich über den Abschied vom gerade erst kennengelernten Strand, mit dem sie hätte Freundschaft schließen können.

Das Ende der Hölle

*Was wäre das Leben,
hätten wir nicht den Mut,
etwas zu riskieren?*

Vincent van Gogh

Der Teufel saß in der Ecke und weinte. So hatte er das nicht geplant. Es machte gar keinen Spaß mehr, das Böse anzuzetteln, so sehr hatte es in der Welt überhandgenommen. Seine Großmutter hatte ihn einst gewarnt, aber den Rat der Alten hatte er als nicht zeitgemäß verlacht. Jetzt war er selbst alt geworden, hatte nichts mehr zu lachen und bedauerte, die Weisheit des Alters nicht beizeiten beachtet zu haben.

Aber damals hatte er sich daran ergötzt, wenn Männer, deren Machthunger er geschürt hatte, gegeneinander intrigierten und Mörder ausschickten, um Widersacher aus dem Weg zu räumen. So teuflisch hatte er sich gefreut, wenn Frauen, ihrer Nebenbuhlerinnen überdrüssig, Gift gemischt hatten, um sich ihrer zu entledigen. Und wenn diese dann von überheblichen Würdenträgern, die sich göttlich gewähnt hatten, in Wahrheit aber seine besten Kunden gewesen waren, als Hexen verbrannt worden waren, hatte er sich an den Tränen, dem Jammern, dem Leid der Überlebenden ergötzt und fleißig die Seelen gesammelt, denen es trotz florierendem Ablasshandel doch nicht gelungen war, ihm zu entkommen.

Zwar wurden Geschichten erzählt von ganz Schlauen, denen es gelungen war, ihn, den hinterlistigsten Tunichtgut, übers Ohr zu hauen – aber das waren nur Märchen, von ihm selbst in die Welt gebracht, damit die Menschlein sich leichter überreden ließen, seinen Verheißungen zu vertrauen und den dafür veranschlagten Preis aus ihren Gedanken zu verdrängen. Schließlich aber landeten sie doch alle in seinem Topf und er konnte sich die Hände reiben. Der da oben mochte vielleicht mächtiger sein, aber wer im teuflischen Netz gefangen war, den konnte auch der Allmächtige nicht retten.

Ja, damals, in den alten Zeiten, da war alles noch ordentlich geregelt gewesen. Jede und jeder hatte sich ausgekannt, was böse war und was – igitt, das Wort mit g am Anfang ekelte ihn so sehr, dass er es nicht mal denken wollte –, also, was g*t war und damit geeignet, der Seele den Weg ins Himmelreich zu ebnen. Obrigkeitsfolgsam entschieden Richter für das eine oder andere. Selbst wenn sie sich irrten, ihr Spruch galt. Und ja, es gab die in den kirchlichen Kutten, die den Vergebungsbonus des »göttlichen Vaters« (brr) an reuige Sünder und Sünderinnen verteilten. Da entkam ihm so manche Seele. Aber die richtig Gierigen, die meinten es mit der Reue selten ernst. Die landeten schließlich doch meist bei ihm. Denn die gespielte Reue, die aus Angst vor der ewigen Verdammnis auf dem Totenbett aufkam, die galt wenig. Zumindest bestand er darauf, dass diese auf der Goldwaage genauestens abgewogen wurde. Und nahm danach triumphierend die für zu leicht befundene Seele mit in sein Reich.

Aber jetzt, in der neuen Zeit, in der alles so schnell geworden war, in der die Menschen die weltlichen Gesetze kaum mehr achteten, die des Himmels und der Hölle noch viel weniger, hatte er endgültig die Übersicht verloren. Jeder und jede, gleich welchen Standes, meinte, auch ganz ohne weltlichen Vorteil daraus zu gewinnen, Morde und andere Gemeinheiten begehen zu können. Einfach so, aus einer Laune heraus. Der einzige Unterschied war: Je höher die gesellschaftliche Stellung, je mehr Macht sie sich gesichert hatten, desto üppiger lebten sie ihre Launen aus, desto größer wurde ihr Schuldensack. Nach ihrem Lebensende purzelten sie in Strömen zu ihm herunter, den Ansturm konnte er nicht mehr bewältigen. Nein, es machte wirklich keinen Spaß mehr. Was sollte er mit all dem Seelenmüll anfangen? Sich an der Qual eines Einzelnen, der um Gnade winselte, zu ergötzen, das war noch was. Aber so ein wimmernder Haufen, so ein erbärmliches Knäuel von Kriegsherren, deren untergebenen Ministern, geldgierigen Raffern oder etwa schießwütigen Amokläufern, was sollte er damit anfangen?

Die Seelen von Frauen blieben deutlich in der

Minderheit und ihre Missetaten waren meist eher aus Verzweiflung geschehen, die sonderte er gleich aus und warf sie ins Fegefeuer, da konnten sich andere um sie kümmern. Ein paar der folgsamen Engel, die an Gottes Seite geblieben waren, würden sie da schon beizeiten herausholen. Auch etlicher Männerseelen musste er sich entledigen, denn angesichts der von den Verbliebenen verursachten Gräuel – Hungersnöte, Folterungen, Massenvernichtung, Ausbeutung und was denen zu Lebzeiten noch so alles eingefallen war – konnte er die gewöhnlichen Sünder einfach nicht behalten.

Er staunte – bei aller Verzweiflung über sein Arbeitspensum – über die höllischen Varianten und Steigerungen der verübten Untaten. Seine eigene Fantasie hätte nicht dazu gereicht, sich die auszudenken. So gedankenlos grausam konnte selbst er, der Teufel, nicht sein, zu seinem Leidwesen war ihm das Bewusstsein dafür, was g*t war, nicht gänzlich abhandengekommen. Er beneidete diese tiefschwarzen Seelen, die er in viel zu großen Mengen einsortierte, für ihre Gewissenlosigkeit. Die hatten selbst mit ihm, dem Teufel, kein Mitleid – er aber mit sich selbst umso mehr. So sehr, dass er deshalb tatsächlich eine Versöhnung mit dem Unaussprechlichen in Erwägung zog. Er schimpfte sich selbst einen Versager, solch einen Gedanken auch nur anzudenken, aber seine Erschöpfung und sein Ekel hatten so überhandgenommen, dass er diesen mahnenden Keim der Annäherung nicht mehr unterdrücken konnte. Wie ein – wenn auch sehr langsam wachsendes – Krebsgeschwür breitete er sich in ihm aus. Und für den Teufel gab es keinen Chirurgen, der ihm das Gewächs entfernen konnte, das höllische Feuer war ebenfalls untauglich und Chemotherapie gab es nur auf Erden. Dorthin wollte er aber keinesfalls, selbst für ihn, den Fürsten der Finsternis, war es dort zu höllisch geworden.

Früher, da hatte er noch mit Freuden sein Handwerk verrichtet, sich an einem reichen Bauern ergötzt, der letztlich alles erteufelte Gold den ihn Überlebenden hatte überlassen und seinen Vertrag mit ihm hatte einhalten müssen. Am Entsetzen eines Pfaffen, der sich für unantastbar gehalten hatte und dann hatte erkennen müssen, dass alles, was er den anderen gepredigt und angedroht hatte, ebenso für ihn galt, hatte er sich gelabt. Er bedauerte sogar die Kindsmörderinnen ein wenig, die ja meist nur die Verzweiflung über die Lebensumstände dazu getrieben hatte, und übergab sie den geflügelten Lichtgestalten, die sie reinwuschen und schließlich doch einen, wenn auch etwas kleinen, dunklen Raum im himmlischen Reich für sie frei machten. An ihnen hätte er doch keine wahre Freude gehabt. Am liebsten hatte er einst die empfangen, die genau wussten, dass sie Böses taten, und sich trotzdem nicht davon abbringen ließen. Die hatte er so richtig genüsslich piesacken können. Sich immer wieder neue Seelenqualen auszudenken, welch Freude hatte er dabei empfunden! Daran aber war heute nicht mehr zu denken, er war froh, wenn er sein Arbeitspensum mehr schlecht als recht schaffte und die verdammten Seelen wenigstens irgendwo unterbrachte. Das schlimmste Elend, nämlich vergessen zu werden, war denen ohnedies kaum vergönnt, die Zurückgebliebenen wärmten die alten Geschichten immer wieder auf. Angeblich, um das vergangene Entsetzen nie wieder geschehen zu lassen, in Wirklichkeit aber stachelte es die Fantasie an und immer unverschämtere Ideen und Pläne keimten in den Gekränkten, in all denen, die Macht und Geld oder einfach nur Hass genug hatten, sie auszuführen. Das war das Übelste, er hatte nicht mal mehr die Zeit, geschweige denn die Muße, sich an diesem höllischen Treiben auf Erden zu laben.

Deshalb hockte er jetzt im Höllenwinkel, während der Jammerhaufen an gefallenen Seelen immer höher wurde. Er überließ ihn sich selbst, ließ die Seelen einander quälen, so viel Bösartigkeit reichte für den Moment aus. Er selbst gab sich ganz seinem eigenen Unglück hin und der unausweichlich scheinenden Aussicht auf einen Canossagang. Wie war das damals gewesen, als Gott ihn in den Orkus verbannt hatte? War ihm da ein Plan B eröffnet worden? Hatte dieser mittlerweile alles vergebende, damals aber noch rachsüchtige Allmächtige irgendeine Hintertür offengelassen? Der Teufel erinnerte sich: Erst durch das Leid seines Sohnes, den er im vollen Bewusstsein, was diesen erwarten würde, zur Menschwerdung beordert hatte, war Gottvater milder gestimmt worden. Damit dieses Leiden so richtig ausufernd gelänge, hatte er, der Gottseibeiuns, kräftig mitgewirkt. Immerhin, da hatte er, der Teufel, doch sehr folgsam mitgespielt, Pharisäer und Wärter bestochen, damit der Plan gelang und alle Prophezeiungen erfüllt wurden. Sein Gewinn dabei war, dass die Verlockung, die Gebote zu ignorieren, noch größer wurde, weil das Tor zur Vergebung so weit und bis zum letzten Atemzug – und oft sogar darüber hinaus – offen stand. Dass die drohende Verdammnis den Menschen nicht zu sehr im Bewusstsein blieb, dafür hatte er schon gesorgt, mit viel Verschleierungstaktik und illusionären Verheißungen. Das war recht leicht, denn was wirkliches Glück bedeutet, wussten die wenigsten. Und die waren meist still und bescheiden, auf sie achtete kaum jemand. Und wenn sie doch mal mahnende Worte sprachen, wurden sie bestenfalls verlacht. Selbstverständlich gab es auch fromme, weise und hilfsbereite Menschen, die durften ruhig in den Himmel einkehren. Heute wünschte er sich sehnlichst, es gäbe ihrer mehrere und seine Arbeit bliebe bewältigbar.

Inzwischen nämlich sorgten die Menschen untereinander selbst so ausreichend für Illusionen, da brauchte er gar nicht mehr aktiv zu werden. Das verärgerte ihn zusätzlich, er fühlte sich entmachtet und unter seinem Wert. Jede und jeder Beliebige könnte seine Arbeit machen. Nur, wer hätte ihn schon übernehmen wollen, diesen Job ohne Urlaub, Krankenstand, Kollektivvertrag und Stundenlimit? Das irdische Wort *Arbeitszeitverkürzung* entrang ihm ein verbittertes Gelächter – diese Sorgen hätte er gern gehabt.

Versöhnen – da war er wieder, dieser abstoßende

Gedanke. Denn Versöhnung bedeutete für ihn, in der zweiten Reihe zu stehen und sich damit zufrieden zu geben. Bestenfalls blieb er das verzerrte Spiegelbild, dessen Anblick der Schöpfer nicht hatte ertragen wollen und deshalb in die Unterwelt verbannt hatte. Das wäre allerdings nicht das Schlechteste, alle Wohltaten und den Gutwill des Gespiegelten in ihr Gegenteil zu verkehren, erwog der Höllische. Diese Aussicht gab ihm Auftrieb, er trocknete die Tränen der Ausweglosigkeit und Wut. Der Plan musste wohldurchdacht sein, wenn er sich noch einen Rest an Würde und ein wenig Einflussnahme behalten wollte. Schließlich war der Alte allwissend, also würde er seine Überlegungen wohl schon kennen. Verdammter Mist, dass man auch gar nichts vor dem verheimlichen konnte!

Versöhnen – das wäre ja noch nicht das Schlimmste, nur würde er auch nicht darum herumkommen, um Vergebung zu bitten. Dem Teufel drehte es den Magen um, und zwar im ganz wörtlichen Sinn. Dann vielleicht doch weiter das Seelenelend aufräumen im ewigen Feuer? Wäre er es nicht selbst gewesen in Personalunion, er hätte von einer Entscheidung zwischen Teufel und Beelzebub gesprochen. Aber selbst diese Metapher war ihm verwehrt, er musste also mit sich selbst ins Reine kommen. Es war ein harter Kampf, den er mit sich ausfocht. Neben ihm türmten sich die verdammten Seelen, unter- und übereinander purzelten sie und stritten um die oberen Plätze. Manche versuchten, sich davonzumachen – aber wohin? Das ewige Leben war die eigentliche Verdammnis.

»Genug gejammert.« Der Teufel wollte diesen Ort verlassen, der seit einer Ewigkeit sein Arbeitsfeld gewesen war. Er packte alle Seelen in einen großen Sack, quetschte sie ordentlich zusammen, damit keine übrig blieb, und verschloss das Höllentor. Nach einer letzten Fahrt über den Acheron entließ er die Fähre aus ihrer Führung. Den Sack der Seelen leerte er im Weltall aus, mochten sie sich einen neuen Planeten suchen oder auf die Erde zurückkehren, um es diesmal besser zu machen, das war ihm ganz gleichgültig. So lange hatte er diesen Job gemacht, den Himmel vor dem Gesindel bewahrt, das müsste ihm doch angerechnet werden, beruhigte er sich. Es blieb ihm keine Wahl, er musste sich unterordnen, den Kotau machen vor der heiligen Mischpoche – er war knapp davor, es sich doch noch anders zu überlegen, aber es gab kein Zurück, keinen Ort, an den der Teufel hätte flüchten können. Wie Messer schnitt ihm dieser Gedanke durch seine Eingeweide.

Der Sack war geleert, die miesen Seelen war er losgeworden. Jetzt stand er vor der Himmelspforte und fühlte sich elend. Aber anders elend als in seinem Reich, das er ein für alle Mal aufgegeben hatte. Er klopfte. Ein kleiner Sehschlitz wurde geöffnet, ein kritisches Auge blickte auf den gefallenen Engel. Das Tor öffnete sich einen Spalt, eine dicke Kette verhinderte, dass dieser breit genug wurde, um hindurchzuschlüpfen. Mit Einschleichen war also nichts, er war hier unerwünscht. Das war zu erwarten gewesen. Er musste also seine Niederlage hier, an der Pforte, preisgeben, ebenso seine Bitte um Vergebung. Noch demütigender hätte es nicht sein können.

Überdies musste er lange warten, hier, im grauen Niemandsland zwischen Himmel und Hölle, die nun verwaist war. Schließlich waren da einige Instanzen zu informieren, bis sein Anliegen den Allerhöchsten erreichen würde.

Vielleicht war das ja das Fegefeuer, dieses nirgendwo, ohne Trost, aber auch ohne Schmerz? Es war das Reich der Hoffnung, das jedem offenstand, der ins Himmelreich wollte. Sie erfüllte sich auch ihm, nach einer halben Ewigkeit, in der er all seine Missetaten noch mal Revue passieren ließ, stand er tatsächlich vor Gott und sah ihn lächeln.

Der Teufel hub an, um sein Anliegen vorzubringen, doch der Ewige lächelte weiterhin stumm und wies auf einen Spiegel, in den er, der Erholung Ersehnende, steigen sollte. Teuflische Freude, wie er sie so lange nicht mehr gespürt hatte, stieg im Bittsteller auf. Der Gedanke an die Zerrbilder, in denen Gott sein Schattenbild endlich erkennen würde, ließ ihn alle Vorsicht vergessen. Doch kaum war der Teufel im Spiegel, hörte der Allmächtige auf zu lächeln. Er beorderte einige der stets gehorsam gebliebenen Engel, den Teufel im Spiegel in den dunkelsten und entlegensten Ort des Himmels zu verbringen. Ihn zu betrachten hatte er all die Ewigkeit vermieden, die Hölle war eine Gegenwelt, mit der er nie in Berührung kommen wollte, so hatte er das einst eingerichtet. Und wozu sollte er in einen Spiegel blicken wollen, er, der Allwissende?

Doch ihm fehlte nun sein Gegengewicht. Denn er hatte den Menschen ja nach seinem Ebenbild erschaffen, seinen Gegenspieler aber hatte er nur aus der himmlischen Welt verbannt. Auf Erden hingegen hatte jedes Ding sein Gegenstück. Licht gab es, um das Dunkel zu erhellen, Schwarz und Weiß ergänzten sich zu Symbolen und auf Schachbrettern. An dieses Spiel erinnerte sich der Barmherzige, und weil er als solcher bekannt war und seinem Ruf gerecht werden wollte, erbarmte er sich nach einer Nicht-Ewigkeit des einst Aufbegehrenden, der die Herrschaftsverhältnisse nicht hatte anerkennen wollen. Seit damals hatte auch er, der Allwissende, dazugelernt, deshalb lud er den Gegenspieler zum Kräftemessen. Im Spiel konnten sie ohne Schädigung anderer erproben, wer die Oberhand behalten könnte. Daran arbeiten sich nun beide ab, dabei lernt jeder so einiges vom anderen. Schachmatt gibt es noch keines, und wenn, dann gibt es ein Remis, hoffentlich dauert es noch eine Ewigkeit an.

Das Springinkerl

*Wirklich gute Freunde sind
Menschen, die uns ganz genau
kennen, und trotzdem zu uns halten.*

Marie von Ebner-Eschenbach

Es war einmal ein Springinkerl. Weißt du, was so ein Wortwesen so treibt? Es kann nie stillhalten, ständig bleibt es in Bewegung. Aber nicht, um irgendetwas zu erreichen, irgendwo hinzukommen, sondern einfach nur so, aus purer Lust. Sein Freund, der freundliche Bär, konnte kaum mithalten mit dem ewig hüpfenden, herumlaufenden und von endloser Fröhlichkeit beseelten Springinkerl. Der Bär nämlich liebte es gemütlich, legte sich schon mal in die Sonne, um sich den Bauch zu wärmen, saß gern am Wasser, um den Fischen zuzuschauen, bis er sich dann irgendwann blitzschnell einen herausfischte. Dabei wollte er selbstverständlich nicht von seinem Freund gestört werden, denn sonst wäre sein Abendessen ganz schnell davongeschwommen. Er mochte das Springinkerl wirklich sehr, aber nicht, wenn er fischte. Auch wenn er einfach mal so durch den Wald spazieren, den tanzenden Blättern zuschauen, die frische Waldluft genießen, sich mit anderen Waldgeschöpfen unterhalten wollte, störte ihn die Rastlosigkeit seines so ungleichen Freundes. »Springinkerl«, fragte er ihn dann, »warum kannst du nie ruhig halten? Du bekommst ja so vieles gar nicht mit, was so um dich herum lebt, bleibst nie lange genug, um etwas richtig zu beobachten und damit kennenzulernen. Mich wundert wirklich, dass wir überhaupt Freunde werden konnten.«

»Aber daran merkst du doch, dass es sich auch gut leben lässt, so wie ich es mache. Es gibt so viel zu sehen, so viel zu entdecken, da muss ich doch schnell sein. Sonst könnte ich ja was versäumen, würde vieles gar nicht sehen. Und wenn ich mal etwas genauer kennenlernen oder wissen will, hab ich ja dich. Du kannst dir dann Zeit nehmen, die Antwort auf meine Fragen herauszufinden, und erzählst es mir dann, während ich schon wieder was Neues entdecke. Davon erzähl dann ich dir. Das ist doch eine prima Aufgabenteilung.«

Der Bär brummelte vor sich hin. »Dann werde ich dir halt nichts mehr erzählen, dann wirst du schon merken, wie wichtig es ist, auch mal innezuhalten, sich einer Wahrnehmung zu widmen, den Moment zu genießen, statt von einem zum anderen zu hasten.«

Das Springinkerl war längst weitergesprungen, die Mahnung des gemütlichen Freundes blieb ungehört. Der trottete missmutig in eine andere Richtung. Er schaute sich mehrmals um, ob der Freund vielleicht umgekehrt war und ihm folgte, aber leider, da war niemand. Dem Springinkerl schien er nicht mal abzugehen, was für eine Freundschaft war das dann?

Während er so weiter und immer weiter lief und die Gegend verließ, in der er sich heimisch fühlte, wurde er immer missmutiger. »Das Springinkerl ist sicher dabei, wieder alles Mögliche neu zu entdecken, aber weil es sich keine Zeit dafür nimmt, kann es mir danach bestimmt nicht einmal von seinen Erlebnissen erzählen. Ich such mir jetzt einen neuen Freund«, dachte er trotzig. Doch in ihm machte sich eine Leere breit, je weiter er sich entfernte, umso mehr erfüllte sie ihn. Brummel, brummel, grimmig lief er immer weiter. Die Freude, für die er im Wald bekannt war, verließ ihn, nichts interessierte ihn mehr, all dem Neuen rund um ihn schenkte er keine Beachtung. Schließlich blieb er entmutigt und enttäuscht stehen und schaute sich nach einem Nachtlager um. Vielleicht würde die Welt am nächsten Morgen ja wieder besser aussehen. Er legte sich unter einen dichten Baum und kuschelte sich ein.

Immer noch unzufrieden und auch sehr traurig, wollte er gerade die Augen schließen, da huschte etwas über seinen Kopf hinweg. Langsam sah er nach oben, doch da war nichts, nur Zweige der umstehenden Bäume, durch die ein wenig Sternenhimmel blinkte. Husch – erneut flatterte es über ihm und weil er den Sternen zuschaute, konnte er diesmal einen Schatten erkennen, der war aber gleich wieder weg. »Schuhu, schuhu«, hörte er aus der Ferne, kurz darauf war der Schatten erneut über ihm und rasch rief er: »Eule, bist du das?«

Der nachtaktive Vogel wunderte sich. Üblicherweise kamen keine Bären in sein Jagdrevier, da war es schon wert, die nächtliche Jagd zu unterbrechen und herauszufinden, was den Pelzträger hierher verschlagen hatte. Sie landete auf dem Baum über dem Bären. »Schuhu, was machst hier du?«, wollte sie wissen.

»Ach, Eule, ich bin traurig«, klagte der Bär. »Mein Freund, das Springinkerl, ist so ganz anders als ich. Für nichts nimmt es sich Zeit, es hüpft und springt ständig umher, ist mir immer weit voraus und dann will es, dass ich ihm etwas erzähle, über all die Tiere und Pflanzen, denen es zwar begegnet ist, aber ohne sie wirklich kennengelernt zu haben. Die lachen alle, wenn es vorbeispringt, aber mich fragen sie dann, was es da so treibt. Ich hab es satt, ständig das zu erledigen, wofür mein Freund keine Geduld hat.«

Die Eule legte den Kopf schief und schloss ein Auge, so konnte sie besser nachdenken. Nach einer Weile fragte sie: »Warum seid ihr denn Freunde geworden, wenn ihr doch so verschieden seid? Und wer ist dieses Springinkerl überhaupt? Ich habe noch nie von einem Tier mit diesem Namen gehört.«

Nun wurde der Bär ein wenig verlegen. »Nun ja, ich habe das Wort einmal gehört, als zwei Menschenkinder durch den Wald gelaufen sind. Da sagte das eine zum anderen, es sei ein Springinkerl. Das Wort hat mir so gut gefallen, da dachte ich, ich such mir so eines als Freund.«

»Heißt das, du hast dir deinen Freund einfach ausgedacht?«

Der Bär kratzte sich hinter dem Ohr, um nicht gleich antworten zu müssen. Die Eule schuhute, sie habe nicht die ganze Nacht Zeit, da rückte er heraus: »Ja, schon, ich hab mir den Freund halt so ausgedacht, aber jetzt geht er mir ein bisschen auf die Nerven.«

»Und warum denkst du ihn dir dann nicht anders?«

Der Bär sah die Eule mit großen Augen an, obwohl es dunkel war und er nicht viel erkennen konnte. Darauf wäre er nie gekommen. Doch wie könnte das Springinkerl anders sein? »Ein Springinkerl muss schon herumspringen, sonst passt der Name ja nicht«, wandte er ein.

»Nun, wie wäre es, wenn es zwischendurch auch mal Pause machen wollte?«, schlug die als weise bekannte Eule vor. »Dann könnt ihr miteinander deine Ruhe und Gelassenheit auskosten, und wenn dein Freund dann wieder herumspringen will, schadet es auch dir nicht, ein bisschen in Bewegung zu kommen.«

Das gefiel dem Bären, er dankte dem Vogel und legte sich brummend auf die Seite. Den Rest der Schlafenszeit würde er nutzen, sich das Springinkerl so auszumalen, wie es für ihn, aber auch für den Freund gut passen könnte. Am Morgen lief er schnell zu der Stelle zurück, an der sich ihre Wege getrennt hatten.

Dort wartete das Springinkerl schon auf ihn und rief ihm entgegen: »Gut, dass du wieder da bist, ich hab so viel noch entdeckt und erlebt, das muss ich dir gleich erzählen!«

Und dann saßen sie nebeneinander am Bachufer, das Springinkerl schilderte haarklein, was es beim Herumspringen alles entdeckt hatte, und der Bär lauschte ihm, ohne die Fische dabei aus den Augen zu verlieren. Als sein Freund eine Atempause machen musste, fing er einen. Während sie den Fisch verspeisten, unterhielten sie sich über die Neuigkeiten. Der Bär fragte hier und da nach, wie denn das eine oder andere genau ausgesehen habe, wer mit wem gespielt habe, ob ein Tier vom anderen gejagt worden und ob die Ruhe des Waldes durch etwas Unbekanntes gestört worden sei. Das brachte das Springinkerl zum Nachdenken, dabei muss man auch innehalten. Und der Bär erfuhr so einiges, das er noch nicht gewusst hatte. Das Springinkerl wiederum bemerkte, dass es hin und wieder schon Sinn machen konnte, genauer hinzusehen und vielleicht auch ins Gespräch zu kommen. Nach so viel Nachdenken und Pausemachen musste das Springinkerl aber wieder in Bewegung sein. Sein Freund, der Bär, erinnerte sich an den Rat der Eule und trottete hinterher. So übten sie es die kommenden Tage und wurden immer dickere Freunde.

Von den Albs und dem Kobold

*Es gibt einen Traum,
der uns alle träumt.*

Afrikanische Weisheit

Es war einmal eine Traumtänzerin, die durch die Träume derer tanzte, die sich ein paar Nachtstunden lang leicht und glücklich fühlen wollten. Wer einen ihrer Besuche wünschte, brauchte nur eine Bestellung zu schreiben, diese unter einen Stein vor dem Haus zu legen und schon war die Tänzerin da, die ganze Nacht lang. Weil sie eine Traumgestalt war, konnte sie gleichzeitig viele Schläfer und Schläferinnen durch ihre Träume begleiten. Außerdem hatte sie einen Gesellen, den grünen Kobold, der kam zu denen, die es gern ein wenig aufregender mochten. Allerdings war er ein freundlicher Kobold, er trieb zwar gern seine Neckereien, wollte aber niemanden erschrecken oder gar in Angst versetzen.

Die beiden hatten auch Gegenspieler. Denn dort, wo kein Traumwunsch hinterlegt war, konnten die Albs eindringen. Sie brachten die Träume, die sich keiner von uns wünscht. Sie handelten von Fluchten, Morden und Unfällen. Manche gaukelten den Schlafenden Brände vor, so stark, dass sie echte Schmerzen litten, andere ließen sie das Ertrinken verspüren. Denen, die Tiere gern mochten, zeigten sie Schlachtbilder, sie boten schreckliche Trugbilder auf, die ich dir hier nicht näher schildern möchte, damit du nicht selbst so einen Besuch bekommst.

Es sprach sich aber bald herum, dass es ausreichte, einen Traumwunsch unter den Stein vorm Haus oder unter einen auf dem Fensterbrett zu legen, damit einer der schönen Träume die Nacht versüßte. Wer so einen tänzerischen Traum oder auch einen lustigen des Kobolds träumte, erwachte am Morgen entspannt und voller Energie für einen neuen Tag.

Doch es gab auch Menschen, die lachten über die anderen und meinten, das mit der Traumtänzerin sei doch ein Märchen. Sie erinnerten sich selten an ihre Träume. Viele meinten, sie träumten gar nicht. Besonders Hinterhältige machten anderen das Leben schwer, indem sie deren Bestellungen für sich selbst behielten und neue, diesmal an die Albs, versteckten, die dann umso eifriger die nichtsahnenden Träumer und Träumerinnen heimsuchten. Diese meinten dann erst recht, das mit der Traumtänzerin sei ein Ammenmärchen, Träume seien nur Zerrbilder des Alltags und somit zu gar nichts nutze. Nach und nach waren es nur mehr die Kinder, die ihre Traumwünsche unter die Steine legten und voll Vorfreude zu Bett gingen.

Das missfiel besonders dem Kobold sehr. Nicht,

dass er die Kinder nicht mochte, aber die konnte man nicht so gut necken wie die Großen. Denn die Tänzerin achtete sehr darauf, dass er die Kleinen nicht erschreckte. Bei ihnen hatte er also eng gesteckte Grenzen für seinen Schabernack. Deshalb beschloss er, es den Albs heimzuzahlen. Denn diese sollten die falschen Bestellungen eigentlich erkennen und die hintergangenen Schläfer und Schläferinnen in Ruhe lassen. Deshalb schlich er den falschen Traumboten nach, und wenn er sie bei einem Fenster reinschlüpfen sah, hüpfte er gleich hinterher und mit ihnen in die Träume hinein. Dort stellte er ihnen Fallen, in die sie prompt hineinfielen. Zum Beispiel stellte er ihnen Spiegel in den Weg, in denen sie sich selbst sahen und vor Schreck im Nu aus dem Traum flüchteten. Den Kleineren unter ihnen trat er selbst entgegen, nicht ohne vorher sein Gesicht zu einer gehörigen Fratze zu ziehen. Die Folge war dieselbe, wieder flohen sie aus dem Traum, nur machte es dem Kobold noch mal so viel Spaß, die fehlgelandeten Albs erschreckt zu haben.

Nun war es aber so, dass diejenigen, die den falschen Wunsch unter einen der Steine gelegt hatten, für sich selbst die schönen Träume bestellt hatten. Das ärgerte den Kobold ganz ungeheuerlich, also tauschte er die Bestellungen aus und jagte die Albs zu den Hinterlistigen. Diese erwachten dann ganz verstört und verstanden nicht, wieso sie von Albträumen geplagt worden waren, obwohl sie diese doch jemand anderem zugedacht hatten. Wenn sich das einige Nächte lang wiederholte, hörten sie mit dem Unfug auf, dann besuchte sie nur der Kobold, denn ein wenig sollten sie schon noch leiden, nur nicht so schlafraubend.

Wo der Kobold die Albs erfolgreich aus den Träumen gejagt hatte, folgte die Traumtänzerin und tröstete die Schlafenden. Die erinnerten sich dann nur an die schönen Träume, vertrauten wieder ihren Wünschen und steckten sie unter Steine.

In unserer Zeit haben die meisten vergessen, dass sie die Macht über ihre Träume haben. Du aber kennst jetzt das Geheimnis und kannst deinen Traumwunsch unter einen Stein vor deinem Haus oder auf dein Fensterbrett legen. Vielleicht schreibst du dann sogar ein Märchen von der Traumtänzerin und dem Kobold.